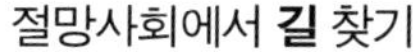

이광수
민병렬
이창우
장상환
조승수
최용국
노옥희
김정호
김주완
배재한
강미애
구수경
김태근
정귀순
김동애
이성근

절망 사회에서 길 찾기

현장 편집부 엮음

현장 16인이 말하는 희망사회로 가는 길

산지니

진보가 가는 길을
고민하면서…

　'진보'라는 말이 요즘처럼 자주 입에 오르내린 적이 있었는가? 진보가 대중화된 결과라고 생각할 수도 있지만, 진보가 사라져가고 있다는 위기의식의 발로라고도 생각할 수 있다. 비단 진보 진영이 2007년 대선에서 참패를 하고, 그 맏형 격이라 할 수 있는 민주노동당이 내홍에 시달리고 있다고 해서이기도 할 것이고, 88만원 세대의 미래와 대운하가 겹치는 미래가 눈앞에 펼치는 모습이 암울해서이기도 할 것이다. 마찬가지로 다보스 포럼에서 변화의 기운이 보이고, 다가오는 환경 대재앙을 우려하는 목소리가 조금씩 조금씩 늘어가는 것을 목격하고 있기 때문이기도 할 것이다.

　이러한 여러 가지가 겹쳐서 나타나는 현상이겠지만, 또 하나 간과해서는 안 될 것이 하나 있다. 그것은 진보의 영역이 확대되고, 흐려진 결과로 인해 생긴 진보에 대한 개념의 변화와 그에 대한 담론의 형성이다. 그동안 진보는 정치와 사회 운동 세력이 독점적으로 그 영역을 구축해왔고, 특정 이데올로기를 가진 사람들만이 그 주체성을 장악해왔다. 그렇지만 사회는 무섭게 바뀌고 있으니 그 속도는 소름 끼칠 정도로 빠르고, 그 폭은 감히 측정하고자 엄두조차 내기 어려울 정도로 넓다. 그래서 변화한 것이 진보에 대한 개념 정의이다.

궁극적으로 '진보'는 모순의 개념이다. 그것은 진보를 이루는 두 축이 변화와 소수이기 때문이라고 믿는다. 그 가운데 우선적인 것은 '변화'다. 그렇다면 진보 안에는 어떠한 신조나 교조가 존재할 수 없다. 따라서 그 안에서 특정 신념을 진보라 규정하고 나아가 그것을 강령으로 만들어버리면 그것은 이미 자살한 거나 다름없다.

페미니스트와 환경주의자가 가장 보수적이라는 항간의 농담을 들으면서 전율을 느꼈다. 그리고 그 이야기를 그 범주에 해당할 법한 사람들에게 건네면서 돌아온 섬뜩한 반응에 또 한 번의 전율을 느꼈다. 민족주의든 자주주의든 그 무엇이든 간에 그 사람들이 갖고 있는 근본적이고 교조적이면서 집단적인 성격이 향하고 있는 변화에 대한 거부성이 얼마나 진보적이지 않은 지에 대해 생각하지 못하는 걸 보고 묘한 좌절감에 빠져들었다. 더욱 더 가관인 것은 그 사람들을 비난하는 몇몇 계급주의자들의 태도다. 그 계급이라는 것이 또 다른 '민족'임을 모르지 않을 텐데 왜 그 칼날을 자신에게는 들이대지 않으면서 남에게만 그렇게 매몰차게 들이대는지 참으로 비인간적이고 결국 참으로 비진보적이라 몹시 씁쓸했다.

소위 진보라 하는 사람들을 보면—나 자신도 이 범주에서 빠져나가고 싶지도 않고, 빠져나갈 수도 없을 것이다—참으로 이중적이다. 정치적으로 그 소위 진보의 입장을 취하는 사람들이 얼마나 가부장

적이고, 얼마나 마초적이며, 얼마나 위계적인지는 그들 스스로가 대단히 잘 알고 있다. 사회 변화를 꿈꾼다는 그 소위 노동자라는 사람들이 얼마나 이기적이고, 얼마나 집단적이며, 얼마나 이윤 추구적인지를 그들 스스로가 잘 알고 있다. 모두 진보의 변화성을 간과해서 발생하는 현상이다. 그래서 진보를 주창하는 사람들은 일관성을 가져서도 안 되며 가질 수도 없다. 결국 모순이다.

또 한 가지, '진보'는 소수를 지향하고 그 자체가 소수이기 때문에 그 존재 가치가 성립하는 개념이다. 그래서 일견 모순으로 들릴지 모르겠지만, 진보는 어떠한 형식으로든 정권을 잡을 수가 없다. 그럼에도 진보가 '정당'이라는 허울을 방패삼아 정권 획득이라는 다수성을 목표로 삼고 있다. 진보가 정권을 잡으면 그것은 이미 다수가 되어 있기 때문에 진보가 될 수 없다. 따라서 진보는 다시 분열을 획책해야 하고 그것이 내부 동력으로 모아지는 것이 정파 운동이다. 그래서 진보주의자는 분열이나 정파를 두려워해서는 안 된다. 그것이야말로 소수를 지향하는 것이고, 궁극적으로 진보적이다. 그래서 진보주의자는 자발적 소외주의자여야 한다.

한국 사회에서 진보가 위기에 처하게 된 것은 진보가 갖는 이 두 가지의 속성을 간과했기 때문이라고 본다. 진보는 칙칙하다는 말을 듣는 것은 바로 사회의 변화에 대해 능동적으로 대처하지 못했다는 말과 같은 말이다. 그렇다면 진보는 왜 변화에 능동적이지 못하였을까? 그것은 진보가 발로 뛰는 현장으로부터 벗어나 입으로 먹고사는 룸펜의 영역으로 거처 이동을 했기 때문이다. 진보가 이데올로그의 머리와 손에서 규정된다면 그 진보는 더 이상의 진보가 아니다. 진보는 현장에서 그 주체자들의 발과 손으로 규정되어야 한다. 마찬가지로 진보가 감히 정권 획득에 눈이 멀면서—나 자신을 포함한—민주노동당의 많은 구성원이 비례대표를 학수고대하고 있었다. 결국 그것이 화근이 되어 패권주의가 일어나게 되고, 결국 정당으로 사형선고를 받게 된 것이다. 모두 다수에 편입되고 싶은 그 욕망을 버리지 못해 생긴 결과이다.

서울이 아닌 한 지역에서 참으로 어려운 일을 시작한다. 무모한 일이라 다들 말하곤 하지만 언제는 우리가 무모하지 않은 일을 한 적이 있었던가? 변화하는 진보가 가야 할 길을 시시각각 모색하되, 그것을 현장에서 찾는다는 것을 모토로 삼고 만들고자 한다. 그래서 이데올로그들의 논평이 아닌 현장 노동자와 활동가들의 목소리를 담아내는 것을 초심으로 삼고 있다. 그 안에는 노동자, 농민, 여성, 비정부기구 활동가도 있겠지만, 학생, 가정주부에서부터 예술을 업으로 하는 사람 등에 이르기까지 이 땅에서 소외당하고, 무시당하는 모든 종류의 소수가 있다. 어눌하겠지만 그들의 목소리를 최대한 있는 그대로 재현하고자 한다. 이것이 유일한 포부이자 목표다.

이광수 ● 현장1《절망사회에서 길 찾기》편집주간

차례

심판, 참패, 책임은 누구에게 있나

일시 : 2008년 1월 2일

이광수 (사회) 부산외국어대학교 교수, 아시아평화인권연대 공동대표 ●
민병렬 민주노동당 부산시당 부위원장 ● **이창우** 민주노동당 부산시당
사무처장 ● **장상환** 경상대학교 교수 ● **조승수** 진보정치연구소 소장 ●
최용국 민주노총 부산본부장

심판, 참패, 책임은 누구에게 있나

이광수(사회) • **민병렬** • **이창우** • **장상환** • **조승수** • **최용국**

심판, 참패, 책임은 누구에게 있나

이광수 : 조금 거북스런 이야기이지만 지금 현안이 되고 있는, 민주노동당이 어디로 어떻게 나아가야 할지에 대한 이야기를 듣고 싶습니다. 조승수 소장님을 모신 것은 당에 대한 분명한 입장을 피력하고 있기 때문이고, 장 교수님은 학계의 대표로 생각했습니다. 민병렬 부위원장님은 제가 성급한 판단일지 모르지만 신당론에 대해 반대점에 있을 수 있는 의견을 제시할 수 있을 것 같아서 모셨습니다. 최 본부장님은 이 무크지가 추구하고 있는 바가 학자, 정치인, 교수의 목소리뿐만 아니라 현장의 목소리를 대변해주셨으면 하는 취지에서, 이 처장님은 당료로서 구색을 맞추기 위해 모셨습니다. 그러다 보니 6인이 되었습

이광수 아시아평화인권연대 공동대표

니다. 대부분의 좌담회가 그렇습니다만, 사전에 큐시트를 배포하고 잠깐 힌트를 주고 시작하지만, 이 무크지가 지향하고 있는 바가 조금 정제되지 않은 목소리, 더 세련되지 않은 목소리, 현장의 목소리를 그대로 담고 싶은 것을 취지로 하기 때문에 미리 큐시트를 안 드리고, 그야말로 중구난방으로, 이야기 나오면 나오는 대로, 저는 조타수 역할만 하는 것을 생각하고 있기 때문에 미리 드리지 않았습니다. 양해드리고, 어떠한 상황에서도 충분히 말씀하실 수 있을 것이기 때문에 그렇게 했습니다.

오늘도 레디앙 신문을 보니까, 아마 활자화되어 가지고 간행물 나오는 것은 이게 처음이지 않을까 하는 생각을 합니다. 부담도 되고 무게가 되는 것 같아서 담론적인 부분은 좀 자제하고, 구체적이고 현실적인 의견을 제시해주십사 하는 것을 제가 말씀드립니다.

우선, 예상했던 대로 2007년 대선에

좌담 1

서 노무현 정권은 적나라한 심판 평가를 받았습니다. 한나라당
이 집권했는데요, 더불어 애꿎은지 어떤지는 모르겠습니다만,
민노당이 큰 타격을 받았다는 것이 민노당 당원들과 진보세력
의 평가인 것 같습니다. 심판, 민노당의 참패, 이 부분에 대해
어떻게 생각하시고 계십니까?

장상환 :   저는 그… 우리나라가 외환위기 이후에 신자유주의 구조조
정을 10년간 진행해서 극단적 양극화 현상을 보이고 있는데,
노무현 정부가 출범할 수 있었던 것은 이런 생활불안정에 대해
서 정부가 약자를 보호하는 경제를 개선하는 조치 약속을 기대
해서 국민의 지지를 받아 집권했다고 생각합니다. 그동안 집권
과정에서 약속을 이행하는 데 실패했지요. 그 이유는 기득권
저항이 강했다는 것이 구조적인 이유이고, 노무현 정부와 민노
당 국회의원들이 저항을 극복하는 데 실패했다, 그런 점에서
무능했다고 생각합니다. 노무현 정부의 실망이 한나라당의 압
도적인 지지로 나타난 것은 한나라당이 과거의 수구적인 노력
에서 벗어나고자 노력을 했고, 유연한 태도를 보인다거나 부패
에서 벗어나고자 하는 이미지 개선의 측면이 있다… 그런 면에
서 노무현 지지자의 일부가 한나라당 지지로 갔고, 과거의 기
득권 세력도 한나라당 지지를 했다고 봅니다. 문제는 양극화가
심화됐기 때문에 민노당 지지가 늘어나야 하지만 그렇게 되지
않은 이유는 노무현 정부가 집권을 했는데도 못한 일을 민노당
은 힘이 약한데 과연 할 수 있겠느냐 하는, 구조적인 힘의 약

함, 이런 데 대한 사람들의 부정적 평가가 작용했다고 볼 수 있다고 생각하고요. 만약 가능성을 보여줬더라면, 힘을 키워서 변화시킬 수 있었다면, 지지도를 높일 수 있었을 텐데, 사표 방지 심리에서 그게 안 된 것이라 생각합니다. 2004년 총선에서 민노당이 보여줬던 신선한 이미지를 그동안에 충분히 발휘시키지 못했다, 그런 것이 심판을 받은 것이다, 그런 원인은 구조적으로 민노당의 방향을 결정하는 리더십, 민족해방파들이 책임을 가장 크게 질 수 밖에 없다, 이렇게 보여집니다. 권영길 후보를 선택하도록 하는 데 가장 큰 힘을 들인 그룹이 해방파이기 때문에 책임을 져야 한다고 생각합니다.

이광수 :   예. 대부분의 신문 지상이나 여러 가지 공사적인 자리에서 나오는 평가와 유사한 것 같습니다. 그런데 일부 이런 의견에 대해 반론이 있더라구요. 우선 제가 나름대로 정리를 해보면, 이번 기회가 민노당이 훨씬 많은 득표를 할 수 있는 기회였던 것만은 아니다, 라는 반론이 제기될 수 있구요, 민노당이 참패 당한 것에 대해 소위 말하는 자주파라고 하는 리더십의 책임이다. 이 부분에 대해 반론이 있으신 분?

민병렬 :   첫 번째로 참패다, 이 부분에 대해서 저도 동감하고... 저는 선거운동에서 뛰면서 피부로 느낀 건데, 지금이 97년 선거부터 8번째인데, 그렇게까지 시민들로부터 냉담과 외면을 받았던 선거는 없었다는 겁니다. 그래서 저는 3%도 3%지만, 그 과정

에서 보인 대중적 외면, 냉담이 참패의 근거라고 봅니다. 책임 소재 문제와 관련해서는, 저는 어쨌든 이번 대선을 지휘했던 것도, 표현이 적당하지 않다고 보는데, 2기 최고위원회를 했었고, 4년 동안 전체를 봐도 1~2기 최고위원들의 주된 활동가들이 그런 사람들이었기 때문에 전적으로 책임 소재를 이야기하는 것은 매우 타당하다고 봅니다.

이광수 : 매우 타당하다? 그러니까...

민병렬 : 책임져야 될 일이니까요.

이광수 : 책임져야 하는데, 뉘앙스를 달리 볼 수 있는 게, 장교수님은 자주파 리더십에 대한 책임 소재를 분명히 하셨고, 민 부위원장님은 1~2기 최고위원들이 책임을 져야 한다고 하셔서...

민병렬 : 아 근데 그것은 같은 이야기입니다. 쓰려고 하면 그렇게 쓰는 것이지요.

이광수 : 이에 대해서는 뭐 특별한 말씀 없으십니까?... 그러면 노무현 정권이 심판을 받았는데, 왜 그 좋은 찬스를 놓고 민노당이 참패했느냐 하는 것에 대해서도 생각해 볼 수 있겠습니다.

최용국 : 장 교수님 의견에 동의하고 안 하고의 차원이 아니고, 기본

적으로 민노당이 참패에 대해서도 분석을 폭넓게 해야 된다고
봅니다. 이번 대선 결과는 제가 볼 때는 일단 두 축으로 봐야
한다고 생각합니다. 한 축은 노무현 정권에 대한 국민의 배신
감 때문이라고 볼 수 있고, 그래서 이명박을 흔쾌하게 지지한
것이 아니라, 반감으로 인한 묻지마 지지를 했다고 보고, 그리
고 이명박 대세론 때문에 역대 가장 낮은 투표율에서 보듯 반
이명박표는 투표 자체를 포기했기 때문이고, 또 한 축은 민노
당의 부족한 부분, 이 양 축이 이번 대선에 작용됐다고 보는데,
민노당의 부족이라고 하는 것은 그동안 우리 서민 대중들에게
매진한다고 하는 민노당이 서민 대중들에 천착하지 못했던 부
분들에 대한, 기본적인 민노당에 대한 평가, 그리고 무엇보다
후보전술이었고, 추가한다면 선거구도, 쉽게 말해서, 문국현
씨 같은 후보가 출현한 선거 구도도 낮은 지지를 받는 데 작용
했고, 또 한편으로는 이것도 우리가 한번 짚어봐야 하는데요,
과연 우리가 대선 전술의 전략 결정에 대하여 전 성원이 결과
에 흔쾌히 승복하고 최선을 다했느냐 하는 점입니다. 이런 것
들이 종합적으로 이런 결과를 낳지 않았나 하는 생각을 해봅니
다. 참패라 하는데 한 편으로 보면 이렇더라고요. 이번에 함께
치른 지방보궐선거를 보면, 30% 넘는 지지를 받은 지자체 후
보들 몇몇 있잖아요? 이런 걸 보면 과연 국민들이 민노당을 완
전히 버렸느냐? 그건 아니지 않느냐. 다만 대선, 대선에서 앞에
얘기한 이유와 그 외의 여러 요인으로 해서 낮은 지지를 보냈
지만, 그리고 이 국민의 꾸짖음을 겸허히 그리고 치열하게 받

아들여야 되겠지만, 보궐선거 결과를 보면 민노당 자체에 대해서 대선 결과와 같은 낮은 평가를 하고 있느냐, 그건 아니지 않느냐 하는 생각을 해봤습니다.

이광수 : 좋은 지적인 것 같습니다. 보궐 선거라는 부분을 볼 때 민노당이라는 당에 대한 사형선고는 아니다, 라는 것이지요, 이 점에 대해 어떻게 생각하십니까?

조승수 : 여섯 군데 나갔는데 두 군데만을 보면 국민들이 민노당을 버린 것은 아니다, 라고 생각할 수 있지만 그곳을 빼면 극히 저조합니다. 지방선거, 대통령선거와 함께 치러진 성격 때문에 후보 구도로 인해 득표력의 차이가 난다고 볼 수 있고요, 아까 말씀하신 민노당 4년의, 민생정당으로서의 태도를 분명히 부각시키지 못한 점, 후보문제와는 상관없이 민노당이 국민으로부터 총체적인 평가를 받았다고 봅니다. 제가 볼 때 민노당의 지지층은 7~8% 정도 됩니다. 최대한 10% 정도로 볼 수 있고요. 지금 당장 누가 나가더라도 이 사람들이 집권할 세력으로 표를 던지지 않는다… 미래가능성, 희망이 투표의 직접 동기라 할 수 있는데 그런 측면에서 본다면, 여전히 민노당의 후보가 어떤 사람인가가 중요해진다… 왜냐면 지금 집권세력이 아니라고 한다면, 민노당이 내세우는 가치에 부응하는 후보인가 아닌가, 이것이 중요합니다. 그런 면에서 권영길 후보가 민노당의 진보를 반영하지 못하는 후보였다. 또 실제로 2002년의 신

선함이나 정책적 차별도 전혀 보여주지 못했고, 결선에서 가까스로 이김에 의해서, 내부의 전형적인 한계, 이런 상황에서 출발할 수밖에 없었고, 이런 점에서 미뤄봤을 때, 가정이라 지금 말씀드리기는 좀 그렇습니다만, 노회찬, 심상정 후보일 경우 달랐을 거다. 물론 그렇다고 해서 10% 이상 지지를 받는 것은 아니지만, 적어도 변화와 새로운 가능성에 일정정도 득표가 가능했을 것이다. 그래도 200만 표가 넘지는 않을 것 같은데 최소한 이후 다가오는 총선이나 정치적 측면에서 민노당이 새로운 힘을 모을 수 있는 것이 가능했지 않겠느냐 생각하고, 그런 면에서 후보 선출은 심각한 문제였고, 당내 다수파가 밀어붙인 데 대한 책임을 져야 한다고 생각합니다.

구조적 문제인가 현상적 문제인가

이광수: 정리를 좀 해보면요, 명료하게 정리할 수 있을 것 같습니다. 참패는 참패인데, 원인을 현상적인 문제로 보느냐, 현상적 문제라면 전술전략, 이미지 메이킹, 후보의 개인적 역량 등을 말합니다. 아니면, 구조적 문제로 보느냐. 4년 동안 민생을 외면한 정당으로 평가를 받았다던가, 정체성 자체에 문제가 있던가 하는 두 가지 문제가 향후 민주 노동당의 나아갈 길하고 겹치는 문제일 것 같습니다. 이것에 대해서 이 처장님, 어떻게 생각하시는지요? 전술적, 현상적 문제인가, 구조적 문제인가에

대해서 어떻게 생각하십니까?

이창우 : 구조적인 문제와 전술적인 문제가 모두 겹쳐 있습니다. 장 교수님 말씀하신 대로 지난 총선에서 13% 지지 받고, 민노당이 살림살이 나아지게 하는 서유럽식 좌파 정당으로 이미지메이킹되어서 20%까지 지지를 받았습니다. 그런데 기대가 실망으로 바뀌는 데는 오래 가지 않았습니다. 중앙당 상근자보다 더 많았던 기자들도 얼마 안 가고 다 빠져나갔는데 진보 좌파의 메시지가 없었던 거죠. 그해 연말 국가보안법 철폐를 위한 대규모 단식 농성에 민노당 지도부가 올인한 것이 대표적인 헛다리짚기였죠. 정치적 실책입니다. 노무현 정부가 내세운 4대 개혁, 자유주의적 개혁이라는 프레임에 갇혀버렸고, 열린당 2중대 소리까지 들었죠. 국보법문제가 덜 중요하다는 게 아니라 좌파정당에 기대한 총선이 민의는 서구식의 복지, 그런 어떤 개혁을 민노당에게 기대하는 측면이 있었던 것 같아요. 민노당의 포지션은 거기에 있었던 거죠. 그런데 원내 정당이 된 이후 최초로 했던 정치적으로 유의미한 싸움이란 게 이른바 '국보법 올인' 이었단 말이죠. 총선에서 13% 얻자마자 당내 당직 선거에서 당권파(이른바 민족해방파, 혹른 자주파)가 전면에 나서면서 방향을 그렇게 잡아간 것 같습니다. 즉 좌파 정체성을 구축해가는 것보다 자유주의적 개혁과제 그런 문제에 대해서 비중을 많이 두어왔던 것이 지난 4년간 지적했던 문제 가운데 하나라고 보이고요. 지난 보궐선거, 울산에서 안방까지 뺏기면

이창우 민주노동당 부산시당 사무처장

서 침체되는 상황이었습니다.

이번 대선에서는 그런 민노당의 변화와 혁신이라고 하는 것을 보여줄 필요가 있었는데 도로 민노당이 되어버렸습니다. 후보가 무슨 문제냐고 하는 분도 있고, 후보 구도에서는 문국현이라는 후보가 권영길 후보와 지지세력이 겹친 것이 문제였다고 지적하는 사람도 있는데 오히려 그것이 권영길 후보의 한계를 더 극명하게 보여준 것이 되었다고 생각합니다. 노회찬, 심상정이 나왔더라고 한다면 문국현 후보가 그렇게 뜰 수 있었겠습니까? 문국현이 권영길이라는 진부한 인물 덕을 봤다고 하는 게 맞지 않습니까? 민노당 지지자 중에서도 문국현 쪽으로 간 표가 많지 않았습니까? 문국현이 뜰 수 없었다면 최소한의 당 지지율 7~10%를 가지고 출발할 것이라고 생각할 수 있었고요, 그랬을 때 정동영이 중간에 지지율이 추락하고 14~15%까지 내려올 때 민노당이 공식선거 이전에도 10% 이상의 지지도를 돌파할 가능성이 있었고, 최소한 2등을 다투는 구도가 될 수 있는 약진의 구도가 될 수 있었지만, 그런 걸 스스로 내찼다는 것이지요. 자주파와 권영길 후보의 동맹이 이루어지는 순간 기회가 재앙이 되어버렸고, 변화와 혁신을 기대하는 민주노동당 지지자들을 배신하는 바람에 망한 거죠. 그 핵심에는 당권을 가진 자주파들의 정치적 오류가 있었다고 할 수 있습니다.

이광수 : 그러니까 단순한 전술전략에도 문제가 있지만, 더 본질적으로 문제가 있었다는 뜻으로 해석할 수 있겠습니다.

이창우 : 이른바 본질적인 문제, 즉 지난 4년간의 당 활동 자체가 문제였다는 식으로 말한다면 이번에 누가 나와도 안 되었을 것이라고 말할 수 있겠죠. 그런데 그간 위기가 증폭되어오긴 했지만 이번 대선은 분명히 기회였습니다. 이명박이 압도적인 우세로 쭉 앞서 나가고, 사이비 개혁세력 정동영이 헤매는 상황에서, 양강구도가 해체된 상황에서, 새로운 변화 혁신의 모습을 보여줄 때, 당이 진부한 모습을 털어내고 새로운 인물을 내세우는 것이 핵심적인 선택이었던 것이죠.

이광수 : 그렇게 되어버리면 저는 제 개인적으로 납득하기 어려운 부분이 좀 있는데, 후보 선출이 잘못되었다고 말씀하시는데, 후보 선출이라는 것은 민주 선거에서 다수의 당원이 뽑았기 때문에 문제가 안 되는 것 아닌가요?

장상환 :   제가 느낀 바로는 형식과 내용이 있는데, 2004년에 높은 지
지율을 받았지만, 그것을 죽 이어가야 했는데 그러지 못한 거
죠. 민족해방파들이 세운 리더십을 발휘하지 못했는데, 이번
대선 때 당 안팎으로 제기된 것이 뭐냐하면, 4년 동안에 그런
여러 가지 한계를 극복하는 기회로 후보문제가 제의된 것이죠.
권영길 후보가 해방파들의 지지를 받는 것을 대표로 한다면,
나머지 후보가 원래의 정체성으로 돌아가서 보여주어야 한다
는 것을 들고 나왔지만 그것이 실패를 한 것이고요, 당 지지자
들이 7~10% 지지를 얻고 있었는데, 그 지지자들 중에 투표에
온 사람이 1/4, 1/3밖에 안 되고, 당내에 선거 운동도 열심히 안
하고 힘이 모이지 않은 것, 그러니까 구조적인 한계를 이번 기
회에 후보 문제를 잘 처리함으로써 극복할 수 있는 기회였는데
그것이 부실했다. 그래서 사람들을 만나보면, 권영길 후보만
지지할 수 없다는 사람이 많았습니다. 문국현 후보의 등장도
일자리하고 비정규직 문제인데요, 민노당이 민노총의 지지를
받고 있는데, 비정규직 문제에 대해서 행동으로 보여주지 못한
것에 대해 영향을 받고 있는 것, 그러한 것을 극복할 수 있는
대안을 보여주어야 하는데 그것이 안 되니까 문국현 후보가 밀
고 나왔다고 볼 수 있습니다.

이광수 :   이 처장님이나 장 교수님이나, 구조적인 문제에 본질적인
문제가 있었는데, 후보를 '잘' 선출, '잘' 이라고 하는 것은 상
당히 주관적인 용어입니다만, '잘' 선출했으면 극복할 수 있었

는데 그것이 실패했다, 그 이후로 여러 사람을 만나보니 그것에 동의, 그러한 사람들이 문국현으로 갔다, 그런데 그것은 논리적으로 모순이 있는 것 같다, 저도 사람들을 많이 만나지는 못했지만, 소위 권영길 후보를 지지했던 사람들, 소위 자주파들은 거의 입을 닫고 있다, 당시에는 다수였고 민주주의 대의제도에서 지금도 그 사람은 옳다고 생각하는 대의제도 하에서 소수가 궁극적으로 패배를 했기 때문에 패배한 것이 아니냐, 라고 말하는 것이 진보주의 정치인답지 못하고 생각합니다. 그것에 대해서 어떻게 생각합니까?

조승수 : 저는 한 가지만 단적으로 말씀드리겠습니다. 다수파 스스로도 자기모순된 후보를 선출했다고 봅니다. 저는 2004년 이후에 당을 주도하는 후보는, 토론에서도 노회찬, 심상정 의원입니다. 자주파가 정권을 장악하고 있는 광역시당이든 지구당이든 노회찬을 불러서 강연하고 교육하고 막상 그래 놓고, 당내 후보선출 과정에서는 어느 날 갑자기 자기들의 노선을 충실히 할 수 없는 이유만으로 권영길 후보를 지지했습니다. 자기 스스로도 지난 4년간 민노당을 대표하는 후보가 누구냐 하는 것을 인정해 놓고, 후보 선출 과정에서는 그것을 모순으로 드러내 놓고 있다고 볼 수 있습니다.

이광수 : 유치하긴 하지만, 그것은 본질적인 문제는 아니라고 봅니다만. 자신이 전략을 바꿀 수도 있는 것인데…

조승수 :   그것이 바로 패권주의라는 것입니다.

민병렬 :   4년간에 대한 평가라는 지점하고, 대선 시기에 국한에서만
보도 실패다, 라고 봐집니다. 어떤 실패의 요인을 두 가지로 볼
수 있는데요, 4년간의 평가와 관련해서, 지방 선거의 정체라든
가, 그런 점에서 대선이 중요한 계기로 작용을 했다고 봐집니
다. 이런 점에서 말씀드리고, 4년간의 평가와 관련해서, 어떤
점들이 그렇게 국민들로부터 외면당하게 되었는가에 대해서,
예를 들면 자주파가 전면에 나선 지도부가 어떤 특정한 정치적
인 방향성, 국가보안법 폐지투쟁에 올인했다는 것이 예로 들리
는데요, 이 문제냐, 말하자면, 어떤 특정한 정치 노선으로 당을
이끌었기 때문에 받은 문제냐 하는 것에 대해서 동의할 수 없
습니다. 오히려 무능력, 전반적으로 총선으로 얻은 당의 국민
적 지지를 어떻게 이어나갈 것인가. 이를 테면 민생적인 문제
에 도외시하고, 국가보안법에 치중했기 때문에 그렇지 않느냐
하는 것에는 동의할 수 없습니다.

이광수 :   지금까지 했던 이야기, 대선의 전략전술 즉, 후보 선출에
관해서는 문제가 있었다. 그러나 그거 하나만으로 평가하는 것
은 아니고, 4년간 보여줬던 것의 성과에 대해 엄중한 심판을
내렸는데, 4년간 자주파 동지들이 했던 여러 가지 일들(국가보
안법 올인 등등), 그걸로 인해서 민생을 외면하고, 그것만 해
서, 혹은 그 사람들이 가지고 있는 그런 이데올로기 자체가 진

보정당에 어울리지 않는 문제냐, 그것이 아니면 지도부의 무능의 문제냐 하는 것이죠. 자주파가 진보정당의 이데올로기를 너무나 자주적으로 가져갔던, 결국에 최근에 나온 이야기입니다만, 친북이 아닌 종북에 가깝다는 게 본질적인 문제냐 하는 것을 문제로 하겠습니다.

이창우 : 국보법 올인이라고 하는 것은, 그 자체가 자주파의 정치적 노선을 대표하는 것은 아니라고 봅니다. 제가 이야기한 것은 그것이 노무현 정권(자유주의적 개혁정권)과 민노당의 자기차별성을 분명하게 정립하지 못한 출발이란 얘기고 그렇게 이미지가 굳어졌다는 얘깁니다. 오히려 저는 많이 알려지지 않았지만 당에서 부유세 정책을 완성도 높게 제시했던 윤종훈 회계사가 당을 떠나기 직전까지 계속해서 경고해왔는데도 이를 뭉갠 것이 더 본질적인 문제라고 봅니다. 부유세 문제, 무상 의료, 무상 교육, 이런 문제를 자주파, 당권파가 중심적인 사업 내용으로 발전시켜 나가는 방향에서 무능했거나 외면해왔기 때문에 갈등이 있다고 봅니다.

이광수 : 그 문제가 무능, 패권주의와 관련이 있고, 무능했거나 패권주의에 물들어 그걸 방기했다, 일부러 발전시키지 못했다는 뉘앙스가 들리는데 어떻게 생각합니까?

장상환 : 저는 본질적인 문제가 있다고 생각합니다. 민족해방파의

정치 노선은 과거 식민지 시대 때 지배를 받는 상황으로, 미국의 지배를 받는 식으로 보고 있습니다. 여러 가지 문제가 미국 자본의 패권적인 지배의 결과로 생각하고 있으며, 그에 따라 국내 자본에 대한 대립, 그것을 경시하는 태도를 가지고 있고요. 미국의 패권에 저항하는 반미 전략을 위해서 북한이 내부의 문제도 있고 고통을 안고 있지만 민족적인 문제 해결에 대해 노력하고 있고, 그래서 그것을 저는 논의한다는 입장을 가지고 있습니다. 그래서 핵문제 같은 경우에도 민족의 자주성을 지키기 위해 보유하는 것은 불가피한 것이다, 라고 정당화합니다. 문제가 되는 것은 정책위원장과의 대화에서, 예를 들면, 내부의 개혁적인 문제에서 조세를 많이 거둔다든지 부동산 소유 제한에 대해서 굉장히 소극적이라 할 수 있습니다. 일반 대중의 정서를 이야기하면서 민노당의 포지션에 적합한 것보다는 일반 대중적인 정서에 의거, 반미에 치중하는 것, 그런 것에 자꾸 치중하니까, 화합할 수 없고 드러난다, 그 리더십이 지속되면 당을 함께 하기 어렵다고 생각됩니다. 그 리더십이 지배하는 한 어렵다고 봅니다.

이광수: 부위원장님은 의견이 좀 다를 것 같은데, 그 리더십이 같이 화합할 수 있는 성질의 것이냐, 전술 전략적인 문제나 비정규직 투쟁도 같이 했던 것이고, 화합할 수 있는 것이냐 없는 것이냐 하는 문제는 어떻게 생각하십니까?

민병렬 : 그런 차이, 중앙당에서 의논하실 때 갖는 이견의 폭이나 깊이가 다를 수 있을지도 모르겠습니다. 시당의 간부들을 어떻게 편을 갈라야 될지 모르지만, 편을 가르더라도 그런 부분이나 이견에 대해 함께하기 힘들 정도는 아닐 뿐만 아니라 별 이견이나 차이를 못 느끼는 선에서 해오고 있습니다.

이광수 : 그렇다면 소위 중앙당에 있는 NL 지도부만 이상한 사람이 되는 겁니까?

(일동웃음)

패권주의 문제

이창우 : 패권주의 문제죠. 당 바깥에 있던 자주파가 2002년 지방선거와 대선 이후 당에 대규모로 입당한 것, 저는 그걸 '민족의 대이동' 이라고 표현한 적이 있는데, 2004년 총선 이후엔 민족주의의 입장을 가지고 운동하는 분들이 다수파로 바뀌었습니다. 민주노동당 부산시당 산하 15개 지역위원회에서도 이런 구분 자체가 부끄럽긴 하지만, 한 지역위원회의 자주파가 집행부를 장악하게 되면, 나머지 좌파가 손을 놓거나 그런 방식으로 진행되고 있습니다. 중앙당뿐만 아니라 자주파의 당 장악이 풀뿌리까지 확대되어 있습니다. 지금 소위 말해서 종북이니 뭐니

하는 논란이 중앙당 차원에서만 교정하면 되는 그런 문제가 아
닙니다. 자주파는 단순한 의견 그룹이 아니라 조직적인 패권
정파라 할 수 있습니다. 풀뿌리까지 조직하기 때문에 더 심각
하다, 위에 지도부만 교체하고 비대위한다고 달라지진 않는다
는 거죠.

이광수 :   그런 정도라고 하는 게 현 NL 집단 외에 좌파라고 하셨는
데, 그 사람들이 지역위원회에 주도권을 가진다든가 하면 안
그렇게 될까요? 정치 행위로 용인될 수 있는 범위가 아니라는
말씀입니까?

조승수 :   그 부분에 대해서 말씀 드리면요, 부산은 김석준 위원장님
지도력이 탁월하셔서서 크게, 문제가 첨예하게 갈등을 안 할 것
이라 생각합니다. 좌파정당 민노당 안에 다양한 스펙트럼이 있
을 수 있다고 생각합니다. 사민주의나 사회주의도 있을 수 있
다고 생각합니다. 저는 그래서 정파도 존재할 수 있고 존재해
야 한다고 생각합니다. 그래도 적어도 당이라는 것이 집권을
목표로 하는 당이라면, 최소한의 이념적 통일은 기초로 해야
한다, 민노당은 한국 사회의 변화건 혁신이건 이것을 지향하는
최고 전략 사람들입니다. 그런데 이른바 자주파 민주노동당에
대한 관점은 최고 지도부가 아니라고 생각합니다. 사실 최고
지도부는 따로 설정이 되어 있고요. 이것은 남한 내에서 이 최
고 지도부의 방침을 실현하는 통일 전선의 한 조직이고요, 그

래서 한국진보연대라는 조직을 만들어놓고, 통일전선에서 한국진보연대의 조직의 하나로 민노당을 가입시켰습니다. 당내의 반대에도 불과하고 중앙의결에 의해 참여했습니다. 그게 한국진보연대와 민노당의 관계입니다. 이것은 민노당이라는 당 조직을 바라보고 있는 기본적인 설정 자체가 다릅니다. 그리고 그것으로부터 비롯되는 이른바 종북주의와 당비 대납사건부터 지역위원회 장악설까지 수많은 사건들이 있습니다. 제가 한가지 예만 들면, 서울시장 후보로 나갔던 김종철 동지가 용산에서 지구당 일을 도왔습니다. 그런데 자주파들이 용산으로 이사를 오기도 해서, 결국 용산위원회를 자주파 위원들이 장악, 김영철 동지는 용산에서 출마하고 싶어도 할 수 없는 상황이 되었습니다. 김영철 의원이 "난 정말 창당 초기부터 지역위원회도 했었고 지역을 위해서 일하고 싶은데, 출마하고 싶지만 출마할 수 없다. 이게 무슨 당이냐."라고 했습니다. 패권주의가 그렇게 나타납니다. 전국적으로 무수히 많은 사례가 있습니다.

이광수 : 　그 아주 어렵고 부담스러운 표현을 하셨는데, 통일전선의 한 조직일 뿐이고, 민중단체의 한 조직이다, 라는 것에 대해 궁극적으로 의회를 의회로 보지 않고, 부담스럽습니다만, 통일운동의 하나의 전선으로 생각할 뿐이다, 라는 것에 대해 어떻게 생각합니까?

민병렬 : 　다른 주장이나 의견을 볼 때마다 그런 점이 갑갑합니다. 세

상 사람들은 저를 자주파라고 보는 것 같습니다. 그런데 저는 그렇게 생각하지 않습니다. 그렇게 생각하지 않으면서 말만 그렇게 하는 게 아니냐 이렇게 생각하시는지는 모르겠습니다. 그런데 어쨌든 진보연대 문제도 어떤 상급 조직이 있고, 여기에 가맹단체로 당이 들어가자는 것이 아니고, 저도 진보연대가 필요하다고 주장은 합니다만, 당이 여러 대중 단체들을 아우르면서 대중적 기반을 확보할 것이냐 하는 것이 진보연대라 하는 것입니다. 이렇게 보는 것입니다. 당의 중앙위원회에서도 반론을 제기할 때, 당이 거기에 복속해서 따라야 하는 것이 아니냐, 말하자면 상급조직으로 있는 것 아니냐 이렇게 생각을 하시는 것이에요. 저는 그렇게 보지도 않을 뿐더러 될 수도 없다고 생각을 합니다. 그렇기 때문에 그렇게 규정하는 것은 좋지 않다고 봅니다.

조승수 : 그것은 예를 들면, 잘 협의하고 잘 풀어가면 쟁점이 안 될 수 있지만, 기본적으로 조직의 형태를 그렇게 두고 있다는 것은 진보연대의 한 부분으로서, 아직 정리는 안 되었지만 그리고 초기에 민주노동당의 대의원 배정하는 대의원 구조를 가지려고 했던 것 아닙니까, 한국에서의 개혁을 지휘하는 것은 진보연대가 되는 것이고 민노당은 가맹단체가 되는 것이지요. 형식상 그렇다는 겁니다.

장상환 : 그것에 대해서 말씀 드리겠습니다. 일반적으로 정당이 사

회단체와 관계를 맺는 형태는 다양한 형태의 사회단체가 있지만, 그 단체 내에 다양한 정치의 입장도 있고, 부분적으로 특정한 정책적 이슈에 대해서 어느 정당이 조직의 의견을 잘 대변하느냐 하는 것으로 관계가 대변됩니다. 그것을 확보하기 위해 대외적으로 대외협력위원회 등의 지지단체를 만드는 것이죠. 그런데 당하고 사회단체는 위상이 다릅니다. 사회단체는 구성원들의 요구를 대변하는 것이기 때문에 급진적인 주장도 할 수 있습니다. 그런데 정당은 국민으로부터 선거를 통해서 공직을 맡는, 심판을 받는 조직이기 때문에 사회단체의 요구를 여과 없이 받아들이기는 어렵다. 그것은 여러 가지 현실적인 조건을 고려해서 실천하고 노력하는 것이지 사회단체와 정당을 일치할 수 없다. 그렇기 때문에... 진보연대에서 결정을 하게 되면 구성단체들은 집행을 해야 할 의무가 있습니다. 그렇기 때문에 구속될 것입니다.

친북과 종북

이광수:　　그렇다면 대부분이 소위 종북이라든지 친북이라든지 하는 것 때문에 문제가 생긴다는 겁니까?

조승수:　　아니더라도 위상을 그렇게 본다는 거죠.

장상환 : 일반적으로 그렇게 보면 안 되는 건데... 그렇게 될 수밖에 없습니다.

민병렬 : 그것은 오해라고 봅니다. 전술적으로 본다는 것이죠.

조승수 : 그쪽 동지들의 중요한 문건에 그렇게 표기합니다. 통일전선의 강화, 진보전선의 강화 등으로 말이지요.

민병렬 : 당이 통일전선을 강화해야 한다는 것을 주장하는데, 저도 그렇게 생각하고 있고요, 당이 대중적 자기 입장에서 보면 대중적 자기기반을 넓히는 수단으로 진보연대를 보는 것이지, 당은 전술이고 진보연대가 전략이고, 이런 게 아니라 이것이지요.

장상환 : 제가 한 말씀 드리면, 그런 형태는 일반적인 게 아니라는 것이지요.

이광수 : 잠시만요, 정리합시다. 그런 형태가 일반적이지 않고 문제가 있을 수 있겠지만, 그 위상의 문제로 인해서 궁극적인 게 깨어질 필요까지 있는가에 대해서는, 저는 없다고 생각합니다. 국민들에게 많은 지지를 받을 수 있는 특정 문제가 여과 없이 사회단체의 의견을 당원들의 동의도 없이 일방적으로 밀어붙이는 상황이 발생하다 보니까, 여러 가지 것들이 사회단체에 끌려가는 것이 아니냐... 그러한 양자의 설정관계의 문제도 문

제이지만, 그 설정 속에서 친북, 종북의 문제가 당의 지배적 이데올로기로 들어온 것이 아니겠느냐… 그렇다면 문제가 될 수 있는 게 친북, 종북이죠. 최근까지는 친북이었으나 급최근에 갑자기 종북이라는, 아주 수치스럽고 모욕적인 단어를 용어로 쓰고, 대중적으로 되어버렸다, 친북과 종북 내지는 그것이 민노당이 갈라설 수 없는 본질일 수밖에 없지 않는가에 대한 의견을 듣고 싶습니다.

조승수 : 친북과 종북의 개념은 좀 다릅니다. 종북이라는 말 자체는 사실에 가깝지만 대중적이지 않기 때문에 친북이라는 표현을 주로 썼습니다만 당내에 중앙위원회 전후로 해서 종북이라는 것이 정확한 의미라는 점에서 쓰고 있습니다. 좀 더 정확히 말하자면, 자주파 동지들은 다양합니다. 주체사상파도 있고, 한반도에 있어서 미국의 점령적 상황 때문에 반제 투쟁, 통일 투쟁이 상위 전략으로 의미를 두는 파도 있고요. 지금의 자주파는 전국회의 주체사상파의 주도적인 사람들이 주도를 하고 있죠. 그러한 현실에 있어서 전략전술의 수립에 대체로 동의하는, 나머지 사람들까지 관철될 수 있는 구조입니다. 그래서 사실 정확하게 종북 주사파라는 사람이 몇 명이냐, 라고 한다면 소수일 수 있지만, 그러나 그들이 갖고 있는 정치적 영향력이 자주파 조직을 관통하고 있고, 당내 중요한 의사결정 과정에서 다수파로 나타난다고 봅니다. 그렇기 때문에 예를 들면 "종북주의가 대선 패배의 원인이다"라고 이야기한다면 많은 국민들

이 그러한 인과관계에 선뜻 납득하기 쉽지 않습니다. 그들이 관철하려고 하는 그런 다수노선, 그것이 그러한 과정에서 패권주의적으로 나타났고, 민노당의 진보적 가치와 맞지 않는 실천적 내용들을 자꾸 제기함으로 인해서 결국, 이번 후보 문제까지 해서 그것이 바로 다수파가 주도한 일련의 실천적 결과라는 거지요. 지난 4년간의 활동에 좌파의 책임이 없다고 보지는 않습니다. 좌파 역시 똑같은 종북주의 문제를 제기함으로써 똑같은 조직으로 대항하는 정파 담합구조였지요. 이를테면 세력이 많으니까 많이 먹고, 세력이 적지만 인정해야 하는 것이 아니냐, 하는 것이 지난 선거까지 반영되었구요. 담합 구조로 인해 지나치게 좌파의 원칙주의적인 태도 등이 극복해야 할 과제로 나타나는데요. 최소한 지난 4년간 민노당의 주도적 요소 그로부터 나오는 실천 방향 같은 것들은 다수파에 책임이 있다고 하는 것이지요. 그리고 그 뿌리가 종북주의라 보는 것이지요.

장상환 :　　제가 한 말씀 드리면, 종북주의라는 것은 북한의 정치 노선을 추종한다는 것 아니겠습니까? 북한의 정치노선이 뭐냐면, 가장 중요한 것이 사실은 반미민족해방노선입니다. 미국의 지배로부터 벗어나는 것이죠. 그것이 최우선 가치라고 할 수 있고요. 그것 때문에 김일성 주석으로부터 김정일 국방위원장 권력계승도 정당화되는 것이다... 뭐냐 하면, 민주적 선거를 했을 때 제국주의자들이 끼어들어 혼란시키면 흐트러지니까, 진영이 무너지니까 불가피한 것이다... 그러니까 사실 여러 가지로

　　　　　　　　　　　　　　　　　　　　　　　　좌 담 1

겉으로 보기에 불가피한 것이다, 라고 정당화하는 것이다... 그렇기 때문에 김정일 정권에 대해 비판하는 것은 미국을 이롭게 하는 것이다, 라고 보는 것이다... 비판을 못하게 봉쇄를 하는 것이다... 그러한 것들이 당의 중요한 결정에 영향을 끼쳐서, 주도를 해서 그러한 결과가 나오는 것이다... 예를 들면 일심회 사건, 북핵 문제 등에서 나타난다고 볼 수 있다... 그래서 저는 북한을 하나의 대화와 협력의 상대로 관계를 개선해가는 이런 차원과, 그리고 그 내부의 김정일 위원장을 중심으로 한 조선노동당의 여러 가지 지배 행태에 대해서 비판적인 입장을 병행할 수 있는 것인데, 그것에 대해 혼동하고 있다... 김정일 정권을 비난하는 것은 미국을 이롭게 하는 것이다, 이렇게 몰고 간다는 것이죠. 모든 이러한 것들이 미국 때문에 어쩔 수 없는 것인데 미국에 화살을 안 돌리고 엄호를 한다는 겁니다. 그래서 그것은 노선에 따른 것이다... 그것 때문에 종북주의라고 하는 것이 타당성이 있다고 보는 것이죠.

이광수 : 종북주의가 궁극적으로 설명하는 것은 잘 알겠는데, 문제의 핵심으로 들어가면 진보이데올로기, 진보진영에서 성취해야 할 아젠다로서 안 맞는 것이냐? 아니면 지도부에 있는 사람들만 빠지면, 조소장님은 패권주의에 물들어 있기 때문에 쉽지 않을 것이다, 라고 하시지만, 만약에 지도부만 빠져주면, 좌파가 주도를 한다면, 굳이 큰 당을 쪼갤 필요가 있는가... 며칠 전 부산 위원장에서 나온 이야기가 있던데 당원 한 사람이 말라

죽는 것보다 나가서 얼어죽겠다(전체 웃음)라는 발언을 김석준 위원장님이 그대로 하셔서 표현이 너무 적절하다고 댓글이 올라오고 하더라고요. 비장하긴 하던데, 당을 깨는 문제가 지도부의 문제냐, 아니면 도저히 봉합이 안 되는 거냐 하는 것에 대해 이야기 해보는 게 좋을 것 같습니다. 종북주의에 대해서는 다소 온도 차이가 있는 것 같고.

민병렬 :   그 온도 차이에 대해서 이야기 해보겠습니다. 지도부, 당의 방향과 관련해서, 정치 노선과 관련해서 토론이나 논쟁은 얼마든지 있다고 봅니다. 최근에 작심하고 근본적 문제로 지목하고 제기하는 것은 이해를 하지만, 이 문제가 어떻게 보이냐 하면, 마치 당에 어떤 방향과 관련된 정치노선상에 대한 진지한 접근과 논의라기보다는 상대방에 대한 딱지 붙이기로 들립니다.

조승수 :   정치공세다 이 말씀이시죠?

민병렬 :   네, 네. 그런 양상으로 나타나고 있다... 그런 점에서 오히려 제기하시고자 하는 당의 어떤 방향과 관련된 정치노선상의 진지한 성찰이나 대안이, 그런 진정성이 오히려 왜곡되게 보인다 하는 생각이 듭니다. 그리고 종북주의라고 규정하는 자체가 내용적으로 봐도 저는 옳지 않다고 봅니다. (조승수 : 지도부에 한해서만큼은 종북주의다, 라는 것도 인정할 수 없다는 건가요?) 네 그것도 인정할 수 없습니다. 분단 구조 하에서 진보운

동에 대한 탄압의 수단으로 북을
추종한다고 하는 것으로 지배세
력은 전체적인 진보운동을 전부
매도해왔고 그런 방향에다 초점
을 맞췄습니다. 그게 국가보안법
이었고... 예를 들면 직접적으로
북과 관계가 있든 없든 진보적인
가치와 진보적인 운동과 같은,
북에서 주장하는 내용과 아무 상
관없이 남쪽 내에서 자체적으로
연구된 성과조차도 그것을 북의
노선을 추종하는 것으로 하고 북
을 찬양, 고무했다는 것으로 기
소를 했고, 나중에 무죄를 받긴
했지만 어쨌든 이게 한국의 현실
입니다. 그런 점에서 볼 때 갖다
붙이면 얼마든지 갖다 붙일 수
있습니다. 북의 노선을 추종하는
것으로. 예를 들면, 미군 문제를
주되게 제기한다, 또는 통일 문
제를 주되게 제기한다, 이런 것
이 말씀하시는 종북주의의 주된
근거인데 이것은 지나치게 갖다

민병렬 민주노동당 부산시당 부위원장

붙인 거라는 생각이 듭니다. 그런 점에서 남쪽 내에서 이 정치노선이 옳으냐 그르냐, 이것이 국민들 설득하는 데 적절치 않은가 그런가, 하는 차원에서 문제를 제기하는 것은 얼마든지같이 논의할 수 있는 문제지만, 이것을 북을 추종하는 것이다,북에서 미국문제를 이야기하는데 니네도 그러니까 이것은 북을 추종하는 것이다, 라고 하는 것은 지나치다는 것이죠.

이광수 : 자, 잠깐만요, 중요한 이야기가 나왔습니다. 이건 저도 평소에 관심을 많이 가지고 있는 부분인데요... 두 가지가 있습니다.

첫 번째는 일종의 역차별적인 발언이라고 하셨는데요, 북의 노선을 따르더라도 지난 우리 역사를 따른다고 해서 사람을탄압하는 매카시즘적인 역사를 보여왔기 때문에 설사 북의 노선을 따른다고 해도 그 말을 하면 안 된다고 하는 것은 대단히논리적인 모순이다. 설사 과거에 매카시즘으로 그렇게 했다 치더라도 지금 북의 노선을 따른다면, 역이용당하더라도   그런이야기를 해야 한다고 개인적으로 생각합니다만, 그런 이야기를 많이 들었어요. 마치 빨갱이 사냥하는 식으로 하는 것은 아니냐, 북의 노선을 따른다고 하는 게... 하는 이야기가 있고요,

두 번째는 이상하게도 제 주변에는 공산주의자라고 말하는사람도 있고, 사회주의자라는 사람도 있습니다만, 나는 친북노선을 따른다, 즉 종북주의자다, 친공산주의자라고 말하는 사람은 왜 한 사람도 없느냐는 거죠. 그래서 유령 이야기가 나오는건데... 근데 노선은 보면 나오는데 왜 나는 공산주의자라고 말

좌담 1

하는 사람은 왜 없는지… 그 두 가지에 대해서…

첫 번째로 북의 노선을 따름에도 불구하고 그래도 과거에 그것을 무기 삼아서 억압했기 때문에 북의 노선을 따른다고 하면 안 되는 건지 말씀해주십시오.

(조용)

우선 우리 부위원장님은 북의 노선을 전적으로 따른다고 하는 것도 온도차이가 있다고 하셨지만, 적어도 상층 조직에서는 어느 정도 따른다고 인정하는 것 같은데요. 전적으로 악용할 만한 것은 아니지만 노선에 관한 싸움을 하자는 것 아니겠습니까? 아까 말씀하셨듯이 어느 정도 따른다고 인정을 해야 하는 것 아닌가요? 전적으로 악용할 만한 것은 아니지만.

민병렬 : 아니 그래서, 따르느냐 마느냐 하는 문제로 왜 보느냐는 거예요. 예를 들면, 북에서 한국 사회를 교수님이 말씀하신 것처럼 그런 사회를 보고, 그렇기 때문에 주요한 정치 노선이 반미에 초점을 둬야 한다고 북에서 주장하고 있잖아요? 있는데, 남쪽의 어떤 활동가가 그런 시각을 갖는다고 해서 그것을 왜 종북으로 주장하느냐는 거예요. 이 문제가 옳지 않다는 그것이, 그 자체로서 평가하고 그 자체로서 논쟁하면 되는 문제지, 따른다고 봐야 하나.

(웅성웅성)

이광수 : 잠깐만요, 제가 정리해서 말씀드리겠습니다. 이건 종북의 문제가 아니라, 이볼루션이나 디퓨전이냐 하는 문젠데, 자발적으로 생겨난 거냐, 저쪽에서 건너온 거냐 하는 이야기인데, 자발적으로 생겨났고 같은 노선이라는 것이지 저 사람들을 따른다고 하는 것은 기분 나쁘다고 하는 것이죠?

민병렬 : 그렇죠. 종북이라고 하는 것은 어떤 주체가 있고, 피동체가 있는 거고...

장상환 : 이데올로기화된 표현이다.

이광수 : 정치공세화된 표현이라는 것이군요.

장상환 : 그런데 특징이 뭔가 하면요, 추종자의 이미지가 뭐냐 하면, 지도자가 오류가 있더라도 따르는 것이다... 그것이 추종자와 협력하는 사람의 차이입니다.

이광수 : 아니죠, 그건 아닌 것 같습니다. 북한이 가지고 있는 이데올로기와 같되 일방적으로 따르지는 않는다는 것 아닙니까?

민병렬 : 그러니까 같다고 하는 그 부분도 애매한 부분이죠.

좌 담 1

이광수 :　결과는 같이 나왔는데요.

민병렬 :　여러 가지 측면에서 일정 부분 같을 수도 있다. 예를 들면, 어떤 당내 인사가 있는데 이 인사가 이런 방향으로 당이 투쟁합시다, 나아갑시다, 주장하는 부분이 있는데, 예를 들면, 조소장님도 이런 내용이 있는데, 이 내용이 북이라는 것과 관계해서만 보면, 조소장님이 주장하는 이 내용은 북과 47%가 같은데, 이 사람이 주장하는 것은 52%가 같을 수가 있는 거예요. 이런 문제라는 거예요.

이광수 :　그러니까, 종조순수는 아니지 않느냐 하는 것이군요.

민병렬 :　그렇죠. 이 자체에서 정치상의 논쟁은 얼마든지 있을 수가 있지만, 이 사람들은 51% 같고, 조소장님은 47%가 같은데, 이 사람들한테 왜 종북이라고 주장하면서 논쟁을 하시냐 이거죠.

조승수 :　제가 그…

이광수 :　'종' 자에다 초점을 맞춰서 말씀해주세요.

조승수 :　제가 부위원장님 개인을 몰라서 뭐라고 말씀드리기가 좀 그렇긴 한데, 큰 틀에서 자주파라고 하시니까, 민 부위원장님은 이른바 영북 노선 정도, 자생적 노선, 영북주의자로 볼 수

있고, 아니면 아예 사실을 왜곡하고 계시는 둘 중의 하나라고 볼 수도 있는데… 제가 종북이라고 하는 것은 사실 정치적 어떤 표현입니다. 그것을 정치적 공세라고 하시면 동의할 수 있습니다. 제가 주되게 공격하면서 하는 표현이기 때문에 할 수 있는데… 예를 들면 말씀하시는 반미의 문제, 통일의 문제, 민노당의 여러 가지 실천적 내용을 가지고 이야기하자고 하시는데, 이것이 사실은 하나의 사상적 통일을 이루고 있다는 것이죠. 그리고 실제로 그런 사상적 통일에 기반해서 조직의 형식을 갖추면서 민주노동당의 다수파를 점하고 있고, 실천하고 있는 것이고… 그런데 이것을 예를 들면, 부정하고… 자꾸 당장에 일심회 사건 가지고 이야기 해보자, 뭐 갖고 이야기 해보자, 당장 현안 문제 가지고 이야기할 수 있습니다. 그러나 그 뿌리가 뭔가에 대해서는 분명하다는 것이죠. 저는 위원장님은 잘 모르지만, 이른바 민노당의 주요한 사람들의 사상적 구분들을 저는 정확하게 알고 있습니다. 그분들이 80년대부터 뭘 거쳐서 여기까지 왔는가, 그리고 이른바 지금 거기에 하지 않는 많은 사람들, 이른바 좌파라고 분류되는 사람들이 과거에 거기 몸담았던 사람도 있고… 제가 말한 종북이라는 것이 표현상 그렇다면 저는 뭐 다른 것으로 바꿀 수 있습니다. 북한 추종주의라고도 할 수 있고…

민병렬 :   같은 거예요.

조승수: 그렇게 표현할 수 있는데, 그런 흐름들이 실제로 존재하고 있고, 조직적으로 표현되고 있는데, 그것을 없다고 이야기 하니까… 저는 기본적인 논의가 안 된다고 봅니다.

이광수: 저는 양쪽이 다 답답한 것 같다고 평소에 생각해왔습니다. 그게 뭐냐면, 종북이라고 말을 한다면 '종'을 했다는 구체적인 증거가 있었으면 좋겠다. 구체적인 증거가 없다면 그런 수치스럽고 치욕적인 용어를 안 쓰고 그냥 공산주의자, 내지는… 좀 곤란하다면, 아무튼 그런 노선을 가지고 이야기했으면 좋겠다. 소위 말해서, 부위원장님은 대표주자는 아니지만, 우리 노선을 가지고 이야기하자. 그러면 이쪽에서 좋다. 그러면 당신들이 북한에 종하든 안 하든 관계치 않겠다. 그러나 그 노선 자체가 도저히 진보정당으로서는 같이 갈 수 없다. 이런 식으로 포커스를 맞추면 좋겠다는 차원에서 그 용어를 조금 전략적으로라도 빼주셨으면 합니다만… 그래서 궁극적으로 A라는 노선, 소위 공산주의 노선, 민족 해방의 노선이 진보정당에 안 맞아서 신당을 차려야 된다, 라고 생각하는 사람이 있을 것이고, 그렇지 않고 어느 정도 화합할 수도 있을 것이라고 생각할 수도 있다고 봅니다.

최용국: 저는 학생운동도 안 해보고, 나이 30대 중 후반에 노동운동을 시작해서, NL, PD를 가끔 어깨 너머로 들어도 별로 현장에 투쟁하는 데 필요가 없어서, 알려고 안 했어요. 그러다가 점점

알게 되었는데, 오늘 문제의 핵심이... 쉽게 말해서 자주파와 평등파, 특히 자주파의 이념문제, 노선에 대해 이야기하는데, 그래서 이게 같이 못 가는 건지, 근본적으로 노선이 다른데 같이 못 가는 문젠지, 같이 갈 수 있는 방법이 있는 건지... 소위 그 종북 안했다고 하니까, 종북이라고 하고, 자주파는 '종'은 안 했다, 뭐 이런 거니까 어찌 보면 그것만 해도 대중적으로 안 믿는데 큰 성과라고 보거든요. 소위 자주파가 그동안 큰 의심을 받을 만한 구체적인 것이 있었는지는 모르겠는데, 그런데도 불구하고 공개적으로 종북 안 하겠다, 라고 하고 있는 것 아닙니까. 그것만 해도 큰 성과라고 봅니다. (전체웃음) 내가 볼 때는 공개적으로 안 했다고 하는 것만 해도 큰 성과다.

뭐 그래서, 이 참, 국민들이 어렵게, 이해가 안 돼요. 종북이니 친북이니 국민들에게 설명을 해줘야 합니다. 왜 우리 당이 이게 핵심 문제인가 하고 설명을 해줘야 해요. 설명을 하고 차대에 깨든가 말든가 그건 모르겠는데, 정파들이 자기 노선, 철학에 대해 국민들에게 대중적으로 이야기해야 합니다. 내 같은 사람도 잘 모르는 정파 문제에 대해서, 지금 우리 이 문제가 입장과 노선의 차이 문제 하나하고. 다른 한 가지는 정파 운동 활동 방식, 다시 말해 정파 담합과 패권적 활동 등 이 문제 두 개가 있는데, 가장 근본적인 문제, 노선의 문제가 있습니다. 패권의 방식은 얼마든지 개선할 수 있습니다. 그것은 규율을 강화하든가 해서 해소할 수 있다... 문제는 근본적으로 생각이 다른데 같이 할 수 있는 건지... 쉽게 말해서 자주파도 민생에 치중

하지 못했다는 데 대해 인정하고 있단 말이지요.

장상환 : 저는 상당히 어렵다고 생각하는데...

이광수 : 같이 하기 어렵다는 것을, 현실성을 염두에 두시고 당이 깨져서 시베리아로 나가는 한이 있더라도 절대로 같이 못 한다 하는 쪽인지, 당의 담론적 성격에서만 이야기하시는지를 정리해서 말씀해주십시오.

장상환 : 네. 왜 같이 하기 어려운가 하면... 그 사람들이 지도부에 중심부를 차지하게 되면 같이 못 한다, 이런 건데요... 지금 완전 자기들이 환골탈태해서 노선에 대해서 정리할 건 정리하고 많이 바꾸어서 정체성을 새롭게 하면 몰라도, 유지하면 안 된다. 왜냐하면, 반미핵심이 뭐냐면 북한과 미국의 대결하고 있다는 거죠. 북한은 반미의 최전선에 서 있다, 이렇게 보는 겁니다. 그러면 그걸 위해서 북한 내부의 모든 문제들이 다 용납이 되는 것이라고 보고 있다. 그래서 대량 아사도 미국 때문에 그런 것이지 북한 지도부의 잘못은 없다고 이야기가 나온다는 것이죠. 그럼 이런 것이 우리 당의 노선으로 국민에게 자꾸 전달이 되면 도저히 국민으로서는 납득할 수 없다는 것이죠. 그게 핵심입니다. 그러니까 비민주성과 반미가 섞여가지고, 미국의 문제에 대해서 제기하는 것이 정당함에도 불구하고, 그것을 위해서 모든 여러 가지 악행이 정당화 되는... 그것을 포기하지

않으면 북한 정권에 대한 비판적 입장을 수용하지 않으면 함께
할 수 없다.

(웅성웅성)

이광수: 지금 시간이 많이 됐고, 중요한 문제는 한 문제 남았습니
다. 그럼에도 불구하고 같이 가는 노력이 우선이다 쪽이 있을
수 있는 것이고, 소위 말해서 민족해방파는 깨자는 말은 안 할
거니까... 그럼에도 불구하고 같이 가자, 깨자 하는 종착점에
대해서는, 5분간만 담배 피우고 하겠습니다.

(휴식)

이광수: 서로의 입장 차이가 조금 있습니다만, 근본적인 노선 자체
가 차이가 있는데, 만약에 노선이 안 맞다고 해서 탈당 후 신당
창당이라고 할 정도로 노선이 안 맞는 거냐, 아니면 그런대로
참고 장 교수님께서 말씀하셨듯이 상층 지도부에서 노선을 변
경하는 것이 가능하겠느냐 하는 것에서 차이가 있는 것 같습니
다. 어떻습니까?

이창우: 저도 한때 과거에는 연합 NL 운동 기반 위에서 활동을 해
왔고, 민주노총에 있을 때는 국민파였고, 당에서는 특별한 입
장을 강하게 표현하지 않았습니다. 최근에 와서는 2004년 이

후에 당에서 소위 패권주의, 자주파 패권주의가 강화되면서 비판적 문제제기를 해왔습니다. 저는 그게 큰 문제라고 생각합니다. 어떤 이념을 떠나 기본적인 룰하고 관련된 문제라고 보기 때문에, 당은 그 내부에 이념적 스펙트럼이 다양할 수 있다고 생각합니다. 당내에서 어떤 민주주의적인 룰이 제대로 통할 수 있다고 본다면 통합의 여지가 있다고 보지만, 소위 자주파 패권 이후에 4년간 당직선거에서 드러나듯 다수파가 독식하는 제도가 고착화된 과정을 겪어온 것 아닌가 이런 생각이 들어 비판적입니다.

이광수 :   치유가 불가능하다?

이창우 :   그런 단정적인 표현보다는, 장 교수님이 말씀하셨듯이, 지금까지 4년간의 과정, 당운영에서 당권을 갖고 있던 자주파가 울산 보궐선거에서 패배한 데 따른 책임을 지지도 않았고, 온갖 무리를 감행하면서 계속 당권을 쥐고 있었던 문제와 같은 걸 말합니다. 대선 패배에 대해 당권을 갖고 있는 자주파가 노선적으로 한국 사회에서 진보정당 운동이 과연 그렇게 북한에 대해 무비판적이거나 이런 것을 가지고 국민들한테 지지를 얻을 수 있을 것인가? 소위 서구적인 어떤 사민주의, 그런 부분들을 중요하게 전면적으로 내세우는 자기 변화들을 진지하게 진심으로 만들어낼 수 없다고 한다면, 그건 자주파의 전면적인 물갈이일 텐데 이런 당내의 권력 이동, 순환이 정상적으로 일

어나지 않는다면 저는 어렵다고 생각합니다.

민병렬 :   패권주의를 말씀하셨는데, 사례로 등장했던 서울의 용산구 의원의 사례라든가… 대표적으로 패권주의 사례로 등장하는 것들에 대해 전적으로 잘못된 것이고, 그렇다… 그래서 그런 것이 주론은 자주파가 주로 벌인 행위들이기 때문에 자주파와 패권주의가 등치가 되는, 이게 당내에서 현실인데… 어쨌든 패권주의와 관련해서는 무조건 잘못된 것이고, 그런 행태들이 정확히 평가되어야 하고, 그것은 당원들의 심판을 받아야 한다, 이런 생각이고, 그런 점에서 적어도 제가 부산시당 부위원장으로 있으면서 그런 행태들, 활동가들 속에서 나타날 수 있는 패권적인 행태들과 관련해서는 하여간 제가 관여할 수 있는 만큼은 저도 패권주의에 대해서 싸워왔다고 자부합니다. 제가 4년 동안 지금 시당 부위원장을 하고 있고, 일정한 활동가들 속에서 같이 하고 있는데, 그 사람들과의 관계에서 그런 패권주의를 되돌아보는 것과 관련해서는 나름대로 내부적으로 싸워왔다고 보아진다. 그런 점에서 보면 패권주의는 당원 전체적으로도 그렇고 정치적 집단 속에서도 그렇고, 정확하게 되어야 할 문제이고, 활동가들이 갖고 있는 기본적인 소양이 있기 때문에, 그것이 잘못됐다는 것을 알 거라고 봅니다. 세상 앞에, 당 앞에 부끄럽다, 라고 볼 거라고도 보고… 그런 잘못에 대해서, 정확하게 자기 과오에 대해서 자기 평가를 해야 된다고 보고, 그런 기풍이 당 전체적으로 있어야 한다고 보고, 그것과 관

련해서 지탄받고 있는 집단 내에서부터 그런 부분들이 논의되어야 한다고 봅니다.

이광수: 논의의 초점을, 제 개인적으로 생각하기엔, 패권주의에 맞춰버리면 치유할 수 있는 부분이다... 패권주의가 문제라면 정당을 쪼갤 정도는 아닐 것 같다고 보지만 ... 기본적으로 이런 말들이 있습니다. 오늘도 진중권 씨하고 장석준 씨하고 이야기가 붙었던데... 궁극적으로 민족주의적 개열, 민족주의적 노선이라는 것이 봉건적이다, 진보적이지 못하다, 한국적 상황에서 어쩔 수 없이 같이 왔지만 이제는 정당의 지지도에 관계없이, 개의치 않고 진보정당으로서 이데올로기 노선 정립을 하는 차원에서 다소 피해를 보고 손해가 나더라도 이번 기회에 새로 노선을 정립해야 된다, 봉건주의적 민족주의와는 같이 갈 수 없다, 라고 하는 것에 대해 어떻게 생각하십니까?

장상환: 저는 97년부터 대선 공약 만드는 데 관련을 해가지고 2002년 창당 당시에 강령 만들고, 3년 동안 정책위원장을 했기 때문에 민주노동당의 핵심적인 정치 노선에 대해 책임을 지는 위치입니다. 거기 나와 있는 것이, 국가 사회주의의 오류와 그리고 사회민주주의의 한계를 극복한다, 이렇게 되어 있습니다. 그리고 자본주의에 대한 비판적인 입장을 견지한다, 이런 게 사실은 주조인데요... 그리고 북한 체제에 대한 비판적 입장을 가지고 있고요... 평등과 해방과 연대가 가장 기본적인 가치입

니다. 사실 자주와 평등이 대표적 가치로 되어 있는데, 2002년 대선 때, 회의를 통해서 결정이 된 것이지 당 대회를 통해서 정립된 것은 아니거든요. 저는 그때 평등이 혁신 가치지 자주와 병렬적으로 될 수는 없다, 라고 문제를 제기했습니다. 근데 그렇게 되어버린거죠. 결국 이것은 민족해방파들이 지도부를 장악하면서 자주가 전면으로 나온 것이죠. 평등이 약해진 거고. 강령에 있음에도 불구하고 실질적으로 자주를 더 강조하는 그런 정치 행동을 해왔다는 거죠. 저는 그것이, 노선이 그것을 정당화하기 위해서 조직적 기반을 강화한 것도 자기 밥그릇 챙기기라는 거죠. 그리고 그것을 위해서 무리한 행동을 한 사람에 대해서, 당내의 다른 세력에 상처를 주기 때문에 이것을 엄하게 내부적으로 처벌한 것이 아니고, 정말 용감하게 싸운 사람으로 인정하고, 방법은 서투르지만 넌 참 용감하다, 이런 식으로 반복이 되고 지속이 되는 것이죠. 재정문제, 이런 것도 결국은 이 목적을 위해서 어쩔 수 없이 편법적인 방법도 동원할 수밖에 없다는 식으로 다 정당화된다는 거죠. 자주 노선, 이것을 핵심으로 하게 되면 그에 따라서 이런 형태로 나온다는 것. 미국에 대해서 지켜야 한다는 것이 워낙 강하기 때문에 종교적 신념화가 된 사람도 있고... 그리고 인천연합 같은 경우엔, 몇년 전의 이야기인데, 멤버가 400명 정도 되는데 십일조를 내서 사회단체의 구성원들에게 인건비를 지원하고... 그렇게 돈으로 컨트롤하고, 십일조를 안 내면 굉장히 인간적으로 공격을 하고, 어려움이 있을 때 지원을 하고, 하는 종교적인 집단의 행태를 보이고, 이렇게 해서 정치적으로 갖추어야 할 부분을 넘어서는 부분이 있다는 거죠. 그래서 이게, 사실은 치유가 참 쉽지 않은 이런 것이다... 그래서 이것은 민노당이 창당해서 정체성을 지금 다시 회복하는 과정이라고 볼 수 있다... 그래서 정체성을 회복하는 데 자주파는 자기가 했던 것들을, 오류를 시인하고 이것을 완전히 바꾸겠다고 선언하지 않으면 불가능하다는 것이죠.

이광수 : 네, 그러니까, 자주파... 상층부들이, 당권파가, 정책적·노선적 오류를 인정하지 않으면 치유가 불가능하다... 그러면은, 치유가 불가능하면 탈당해서 새로운 정당을 만든다면... 한번 시뮬레이션을 해봤어요. 양쪽 두 당이 나오는 노선은 겉으로 똑같이 나옵니다. 실제적인 내용은 달리 나올지 모르지만, 똑같이 나오면 국민들을 과연 설득할 수 있겠는가? 소위 자주파가 민노당을 지키든지, 그쪽에서 나가든 간에 '종북적 입장'을 강령으로 내세우진 않을 텐데... 국민들이 볼 때 똑같이 나오는 강령을 놓고, 똑같이 나오는 진보정당을 놓고 어떻게 평가를 하겠는가? 그 노선에 대한 차별성은 서로 어떻게 둘 수 있겠는가? 어떻게 생각하십니까? 조소장님.

근원적으로 당의 이념적 기초가 달라

조승수 : 예, 우선은 근원적으로 같이 할 수 있느냐 하는 문제에 있

조승수 진보정치연구소 소장

어서, 당 강령에는 북한에 대해 딱 한 구절이 들어가 있습니다. 북한 사회주의의 경직성, 이렇게... 말하자면 강령 전문이 아닌 통일 분야에 가면 한 구절 들어가 있는데, 국가 사회주의라는 개념으로 경직성을 제가 해석할 때는 완곡하게 표현을 하지 않았는가 생각하는데 저는, 북한 정권은 정부도 사회주의도 아니라고 생각합니다. 어제 신년사가 나오는 걸 보니 중간 중간 어떤 표현이 있냐면, '김일성주의 역사, 김일성 조선' 이런 표현이 있습니다. 그것은 거의 왕조지... 그래서 저는 북한 정권 자체가 진보도 사회주의도 아니라고 판단하고 있고, 그래서 그것을 맹목적으로 추종하는 자주파 동지들의 일부에 대해서 당의 이념적 기초와 다르다고 봅니다. 그것이 조직 노선에서도 그렇고 실천적으로도 일반적으로 나타나고 있기 때문에, 그리고 패권주의는 그렇게 비롯되는 어떤 당 장악을 위한 여러 가지 관행에서 빚어지는 문제이기 때문에... 단지 패권, 다수의 문제는 당 안에서 극복을 해야죠. 그러나 저는 근원적으로 당의 이념적 기초가 다르기 때문에 함께 할 수 없다고 생각하고 있고 개인적으로는, 그럼 그걸 처음에 만들 때 몰랐느냐, 당 처음 만들 때. 제가 울산에서 2002년 창당하는 과정에서 울산연합의 동지들을 굉장히 많이 설득했어요. 저만큼 설득 많이 한 사람 없을 거예요, 좌파 쪽에서. 제가 그렇다면 그 동지들이 자주파인지 모르고 설득했느냐? 알았다는 거죠. 저는 여태까지 우리 운동의 역사가, 이 성과가 사실 민주노총을 만들었고, 민노당도 만들었듯이 역사성 때문에 같이 할 수밖에 없는 구조였고, 저는 그 동지들이 당에 들어와서 구체적 현실을 놓고 당이란 구조 속에서 활동을 하면 변화할 거라고 기대를 했어요. 하지만 제 생각이 틀린 거죠. 그런 면에서 저는 근원적으로 같이 하기 힘든 측면이 있다고 보고요. 예를 들면 이번에 동의하든 동의하지 않든 종북의 문제, 그에서 비롯된 패권주의 문제를 전면적으로 제기한 다음에야 그나마 우리 당의 공식 논의 단계에서 이 이야기가 터져 나왔다는 것이죠. 물론 한쪽에서는 여전히 그 자체를 동의하거나 인정하지 않지만요. 사실 이 이야기는 뭐냐면 분당과 분화를 각오한 기능을 하지 않으면 기본적인 토론도 당내에서 불가한 구조라는 거죠. 지금도 사실 그게 가능한지 저는 회의적으로 보고 있습니다만, 그래서 저보고 신당파니 분당파니 이야기하지만 저는 분화를 각오한 당내 혁신 투쟁의 과정이라고 이야기하고 싶고, 만약에 그렇다면 신당 만들었을 때 북한 문제와 통일 문제 등의 몇 가지를 빼고 일상 활동에서 무엇이 다를 거냐? 큰 차이는 없을 수가 있는데... 현재 민노당의 문제는 종북주의와 패권주의가 가장 큰 문제이긴 하지만 저는 좌파, 특히 노동운동, 좌파 운동도 문제가 많고 엄청나게 반성해야 할 부분이 많다고 봅니다. 이른바 지금의 한국 사회에 걸맞는 현대적인 좌파 정당으로서 기능하고 있느냐, 저는 못 한다고 생각합니다. 그런 면에서 만약 새롭게 정당을 창당한다면 그간의 좌우를 불구하고 현대적인 좌파정당으로서 자기의 가치와 실천에 대해 전면적인 반성과 재구성이 필요하다고 봅니다. 그렇게 된다면 저는 지금 민노당의 강령이나 정책, 공약 이런 부분들 하고는 시간은 걸리겠지만 상당 부분 차이를 만들어갈 수 있을 것이다, 라고 생각합니다.

이광수 :　　제가 듣기로는 조금 모순이 있는 것 같은데요. 지금의 당 강령에 있어서는 장 교수님의 의견에 따르면 큰 문제는 없지만, 이걸 실행해 나가는 과정에서 자주파 동지들이 당 강령과 관계없이 한쪽으로 몰아 세웠다, 그런데 새로운 정당을 만들려면 이 당 강령하고는 또 다른 완벽한 그런 것을 해야 된다, 라고 한다면 기본적으로 순서 자체가 자주파 동지들로 인해서 문제가 발생해서가 아니라 민노당의 성격, 강령 자체가 현대 사회에 맞지 않기 때문에 새로운 지향의, 좀 더 세련되고 칙칙하지 않은 진보 정당을 만들어야 되는 것 아니냐... 그렇다면 순서가 좀 바뀐 게 아닌가... 당을 깨려고 하는 게 근본적으로 자주파 때문이 아니고, 새로운 정당, 새로운 옷을 추구하기 때문

에 그러한 노력을 해야 되는 게 아닌가, 라고 하는 의견이 사실 일각에 있습니다.

이창우 : 저는 이제 그 전에 조 소장님 말씀, 연합을 가장 적극적으로 설득할 때 이들도 당에 들어오면 변화할 거라는 기대를 가졌다 하셨지 않습니까? 저도 당이라고 하는 용광로 속에 많은 상호작용을 통해 변화가 일어날 수 있을 거라고 기대했지만 결과는 그렇지 않았습니다. 맥아더 동상 철거 문제도 그런 거죠. 당의 플래카드를 들고 맥아더 동상을 철거하자고 하는 게 중앙당 자통위원회의 방침으로 내려오고, 이른바 일심회 사건에서 당 활동가 정보를 북한에 넘긴 핵심 당직자 문제에 대한 그분들의 미온적 태도, 이런 것에서 표현된 것이라고 생각합니다. 저는 남한에서는 소위 자주파라는 활동가들의 어떤 정서가 이질적이란 느낌을 자주 받았습니다. 2년 전이었던가요? 임동원 전 통일부 장관이 6·15 공동위 초청으로 부산에서 강연을 했는데 김정일 국방위원장과 개성공단 협상할 때, 김 위원장이 임 장관한테 "내가 개성공단을 내줄 테니 잘해보시오"라고 이야기를 했고, 이걸 두고 "김 위원장이 통이 크더라" 하는 이야기를 강연에서 했어요. 근데, 그 공연장에는 주로 남측 활동가들이 와 있었는데 박수도 치고 환호하더라고요. 그런데 만약 김대중 대통령이 "수원을 주겠소"라고 이야기를 했다면 어떻게 생각하겠어요? 저 사람이 제정신이냐? 지가 아무리 대통령이지만 무슨 자격으로 수원을 줘? 남한 내의 의견 수렴 과정도

거치지 않고. 이렇게 생각을 했을 거라는 거죠. 역지사지해보면 그렇게 생각할 수 있는데, 소위 자주파라고 이야기하는 의식구조를 가지고 있는 친구들의 경우에는 임 장관의 이야기처럼 그렇게 김 위원장을 통 큰 사람으로만 본다는 거죠. 그 사람, 수뇌의 결단이 모든 것을 지배하는 거죠. 그러니까 조국통일을 강조하는 건 좋은데 김 위원장의 그 같은 반민주적 발언을 그렇게 무비판적으로 받아들이느냐 이거예요. 제가 남한 사회의 부르주아 민주주의에 길들여져 있는지 모르지만 여기에서 저는 이질감 같은 것을 느끼고, 저는 김정일 위원장의 주체사상이 민주주의와 어떤 인연이 있는지 잘 모르지만 북에 대한 비판을 금기시하는 그런 문제의식이 꽤나 완강하다는 걸 느끼고 있어요. 그러니 저 같은 사람의 나이브한 문제의식은 말 그대로 잡사상에 오염된 거로 보이겠죠. 이런 부분들이 당내 상당수 활동가들이 북을 바라보는 태도에 있어서 여과되지 않고, 정제되지 않고, 남아 있다는 거죠. 이런 정서나 의식이 많은 문제들을 파생시키는 그들의 멘탈리티라고 생각합니다.

이광수 : 단적인 예를 들어서 말씀하시니까 약간의 모순점이 보이긴 하는데요. 예를 든 건데, 민주주의에 대한 훈련이 안 되어 있다, 민주주의에 대한 문제의식을 가지고 있지 않다 하는 부분이 당을 깰 정도의 결정적 사유는 되질 않지 않느냐?

이창우 : 당을 깨고 말고의 문제라기보다도 그런 의식적 기반, 토양

  좌담 1

같은 것이 우리 자주파 동지들이 보이는 모습이고, 저는 그런 것이 당내에서 서로 소통되고 상호 학습되었어야 했는데 그러질 못했다, 북한이 자기 체제를 유지하기 위해 하는 행위에 대해 그건 북한의 문제고, 북한은 그런 체제를 가지고 있다는 걸 민주노동당이라는 독자적인 좌파정당의 입장에서 객관화했으면 좋겠다, 김정일 위원장이 통이 크다고 환호하거나 고개를 끄덕일 것이 아니라 그런 것을 우리의 민주주의와 대치시킬 수는 없는 거고, 우리 같으면 내부의 국민적 합의와 토론을 갖고 가야 한다는 식으로 비평할 수도 있어야 한다는 거죠. 소통하면서 당내에서는 자주파든 뭐든 서로 통합해 나갈 수 있지 않을까, 라고 생각한 건 순진한 생각이었습니다.

이광수: 근데, 어… 예를 들어서 제가 그 자리에 있었어도 저도 박수칠 거라고 생각하는데… 이 문제를 너무 침소봉대할 필요는 없을 것 같습니다. 보다 본질적인 문제가 중요한 것이지…

장상환: 근데 뭐냐면 이런 거죠. 교수들, 지식인들이 민노당 창당할 때 지지를 하고 정책, 공약 만들 때 역할도 하고 했는데 2004년 총선 이후에 교수들을 어떻게 대했는가 하면, 단순히 동원 대상으로만 본 거죠. 교수들은 분석해서 여러 가지 새로운 각오를 하고, 이걸 중시하는 사람들이라고 볼 수 있는데, 그 사람들의 의견을 충분히 수렴을 해서 발전시키고 변화시켜야 했는데 그러하지 않았다. 또 당이라는 것은 선거를 통해서 국민들의

요구를 청취하고 그것을 반영해서 당을 혁신해 나가는 것이 핵심인데, 그렇지 않으면 당은 지속될 수 없다. 근데 그것을 안 한다는 거죠. 왜 그러냐면 반미를 위해서 궤도수정을 안 하고 버틴다는 것이고, 거기에 문제가 있는 것이죠.

이광수 : 지금 좌담회 독자들이 가장 민감하게 보고 싶은 부분은, 그럼에도 불구하고 당을 깨야 되겠느냐 하는 부분에 초점을 맞춰서 구체적인 이야기를 해줬으면 합니다.

민병렬 : 그래서 이제, 사실 보수 정당들이야 뭐 선거 한 번 할 때마다 이합집산하는 것이 관행처럼 되어왔는데, 민노당에 몸을 담고 있으면서 분당이나 어떤 새로운 신당 창당이라든가 하는 발상 자체를 해본 적이 없다 보니까 당내에서, 그것도 책임 있는 분들로부터 그런 이야기가 나온 것부터 개인적으로 충격적이었거든요. 그러니까 그... 사실 이제 어차피 다 상대가 있는 거니까, 저도 나름대로 역지사지하는 입장에서 어느 정도의 절박감이면 그런 고민을 하게 됐을까 생각해보기도 했는데... 그 지점에 도달하기는 힘들고, 오늘 말씀하시는 것에 대해서도, 사실 들으면서도, 역지사지하는 입장에 서더라도 그런 절박감을 느끼기는 힘든 대목인데... 어쨌든 전체적으로 보면 정치노선상에 어떤 지점에 대해 강조점이 있다고 봅니다. 이를 테면 미국 문제나 통일 문제나 등등... 보통 일반 매스컴에서 이야기하듯이 그 수준에서 거칠게 도식화시키면 그런 걸 강조하고, 한

쪽은 민생을 강조하고… 나는 이것에 대해서 사실 동의하기도 힘든데, 예를 들면 어쨌든 간에 매스컴 수준에서 도식화시키는 이런 정도의 나름대로 강조점이 있다고는 생각이 드는데, 이런 강조점이 특정하게 견해를 가지고 있는 활동가들이 당 지도부를 전면에 나서서 하게 되면, 그렇다고 해서 다른 의견을 완전히 묵살하거나, 모 아니면 도로 이렇게 하진 않는다고 보는 상태에서 그 문제가 과연 그렇게까지 수용될 수 없는 문제인가 하는 점 하나 하고, 두 번째는 북한 문제인데요. 우리 국민 속에서 여러 가지 사안을 놓고 가장 편차가 큰 것이 북 문제라고 생각을 합니다. 북한에 대한 맹목적인 추종자에서부터 시작해서 북을 완전히 반대로 생각하는… 이렇게 우리 사회에서 가장 큰 스펙트럼을 가지고 있는 문제가 북한에 대한 문제이고, 어떻게 북한을 이해할 것인가 하는 문제이고. 이것은 당내에서도 마찬가지입니다. 과거와 달리 이제는 상당 정도 정보와 접촉과 왕래가 있는 시대입니다. 그런 점에서 당내에서 그 문제에 대해 실체적인 접근을 할 수 있는 기회가 만들어진다, 조금은 더 이해의 폭을 서로 좁힐 수 있다, 북한이 어떠냐 저떠냐 하는 게 중요한 것이 아니고 우리들 속에서 북한에 대한 이해나 이런 부분들이 훨씬 더 좁혀질 수 있다는 것입니다.

이광수 : 자, 두 가지 좋은 의견인 것 같습니다.

첫째는 오늘 이야기를 다 들어봐도, 일정 부분 수용할 수 있겠지만, 그 문제가 당을 깰 정도로 절박한 문제인가. 정말로 그렇게 도저히 화합할 수 없는 부분인가. 정당이라는 것이 그 정도는 용인될 수 있지 않은가. 노력을 하면…

둘째, 북한 문제만 해도 서로를 이해시키려는 노력이 부족하진 않았느냐. 그래서 둘 다 그 정도로 절박하게, 깰 정도로 납득되지는 않는다, 하는 의견입니다.

아니다, 그건 절박하다?

이창우 : 저는 그건 아니라고 생각합니다. 좀 더 노골적으로 이야기하면, 이번 대선 후보 선출 과정을 들여다보면 민주노동당이라고 하는 당의 미래나 발전이라는 관점보다는 자주파의 종파적인 자기 권력 유지나 확대에 더 강하게 이끌렸다고 봅니다. 이번 총선에서 성공하려면 대선에서 득표력이 더 높은 후보가 선출되어야 했습니다. 사실 지난 총선 이후 권영길보다 주로 노회찬, 심상정이 실질적으로 당을 대표하는 인물로 부각되고 있었다는 건 그들도 알고 있었는데 결과적으로는 소위 자주파가 7월 21일, 전국 모임에서 권영길 후보를 지지하자고 결정하면서, 거의 전 성원들을 일사불란하게 줄을 세웠지 않습니까? 그렇게 해서 지금 이런 결과를 빚었단 말입니다. 심지어 어떤 사람은 이번에 권영길 후보를 선택한 것은 반이명박, 반한나라당 전선에 도움이 되는 방향으로 그렇게 하려고 당내에서 역선택한 것이 아닌가, 그렇게까지 말하는 사람도 있습니다.

장상환 : 제가 좀 말씀 드리겠습니다. 저는 절박합니다. 미국은 사실

좌파 정당이 없습니다. 있지만
전혀 제도권에 진출 못하고, 의
원도 없고. 우리나라도 사실 그
럴 수 있다는 겁니다. 저는 민족
주의 해방파들은 좌파가 아니라
우파라고 봅니다. 반미를 하는
것은 이슬람 쪽의 부족을 따라가
는 겁니다. 예전 일본도 제국주
의 전쟁에서 그러했고, 국가주의
적 입장에 서게 되면, 강대국과
대결하고, 그것은 지배계급의 이
익을 지키기 위한 것일 수도 있
다는 것이죠. 그런데 민족주의
쪽의 여러 가지 정책들을 보면
정말 계급적인 문제들에 대해서
너무나 경시하고 대립을 격화시
키지 않으려고 한다. 왜냐하면
대중성이 있어야 되니까. 그러니
까 또 예를 들면 북한 문제에 대
해서 현대가 대북사업에 기여를
했는데 그에 대해서 애국적 자본
가로 규정을 하고... 그러니까 노
사간의 대립을 설정하지 않는다

장상환 경상대학교 교수

는 겁니다. 그러면 우리 서민들이 외면을 할 테고, 그러면 소멸하게 된다는 거죠. 그럼 우리 좌파들은, 민노당이 대표적인 좌파정당이라고 한다면, 그 실천 방향이 다르게 돼서 지지율이 떨어지면 좌파도 없어질 것이라는 다급한 상황에 와 있다. 그런데 바깥으로 보면 좌파 정당의 필요성은 높아지고 있거든요? 사실은요. 우파 쪽은 사실 한나라당이 변신을 해가지고 합리적 우파로 헤게모니를 강화한 것이고요, 그리고 열린우리당은, 말은 좌파지만 내용적으로는 우파인데 무능해서 헤게모니를 상실한 것이고요. 그 자리에 누가 들어서느냐 하는 것인데, 내용적으로는 우판데 겉으로는 좌파적인 제2의 노무현 같은 문국현이 또 나타나서 사람들을 혼란시킨다는 거지요. 근데 거기에 우리가 페이스를 못 따라가는 절박한 상황이죠.

이광수 : 예, 절박함... 정리가, 단순명료하게 정리가 되네요. 소위 민노당의 지도층에 있는 당권지도부 사람들이 패권주의를 청산하고, 내지는 아주 심각하고 본질적으로 반성을 해서 북한에 대한 입장을 서로 더 논의하고. 종북은 하지 않았다고 하니까, 북한에 대한 노선이 같거나 비슷하다고 하는 그런 건데... 좀 더 이야기해서, 소위 당권 쪽의 사람들이 좀 더 포기하게 되면 가능성이 있을 것 같다. 그게 아니면 본질적으로, 역사적으로 볼 때 민족주의 계열이라는 것은 봉건적이고 우파적이므로 양립할 수 없다. 그렇다면 그걸 주장하는 사람은 그 결과에 대해 무한대의 책임을 져야 하죠. 진보 정당을 분열시키는 역사의

심판을 달갑게 받을 수 있다, 라고 하는 부분이 중요할 것 같습니다. 대표로 계시는 분은 아니시지만 노력을 부탁하는 것인데, 혹시 지도부에 있는 사람들에게 뼈를 깎는 반성과 노력을, 소위 자주파 동지들에게 밑에서부터 나오는 노력을 기대할 수 없습니까. 민 부위원장님부터 개인적인 생각은 어떠하십니까?

민병렬 :　　　…

이광수 :　　그러니까, 소위 당권을 쥐고 있는 사람들이 포기하지 않으면 당이 깨질 위기에 처했는데, 당 노선에 대한 실용적 차원에서 포기할 수 있는 의향이 전혀 없을 것 같습니까? 여전히 이견이 있어서 포기 못 한다, 혹은 개인적으로 노력할 수 있다 없다, 그런 이야기는 없으십니까?

반성하고 평가하고 고쳐나가야

민병렬 :　　그러니까 예를 들면 당의 이익에 앞세워서 자기 정치 집단의 이익을 앞세우려는 태도라든가, 그 다음에, 자리를 차지하기 위해서 힘으로 밀어붙이는 문제라든가, 당내에 여러 가지 정치노선에 대해 민주적인 토론 과정을 묵살한 채 다수파로, 쪽수로 밀어붙여서 당론으로 결정하는 문제라든가 하는 문제에 대해서는 당연히 반성해야 되고 평가해야 되고 고쳐나가야

한다고 보는데, 문제는 현재 말씀하시는, 예를 들면 미국 문제든, 민생, 통일 문제에 있어서는 토론의 과제로 남아 있는 문제지, 이 시점에서 정치적 입장과 그 견해를 포기해야 된다, 이것이 출발점이다, 이렇게 말하는 것은 과도하다고 보거든요. 지금 그에 대한 평가라고 볼 수 없는 지점들이 워낙 많고, 예를 들면 대통령 선거에 있어서도, 그러한 지도부가 국민에게 다가가는 메시지를 만들어내지 못한 것은 과오이고 무능이지만 그것이 특정한 정치적 입장을 과도하게 밀어붙여가지고 국민들로부터 심판 받은 게 아니지 않느냐 하는…객관적인 현실로…

이광수 : 그런데 문제는 그 노선이나 이념이 소수로 남아 있으면 큰 문제는 아닌 것 같은데, 실행차원에서의 방법론은, 반성해야 할 건 하고 포기할 수 있다고 하는데…

조승수 : 그러니까 이번에 다 사퇴한 것 아닙니까?

이광수 : 여전히 의심을 두고 있는 것은 그것이 소수로 남아 있지 않고 또다시 그것이 계속해서 염려가 되고, 이번에 사퇴하는 것조차도 임시방편일 뿐이고 궁극적 자기반성이 안 보인다고 하는 것이거든요. 그래서 그… 가지고 있는 이념이 좀 경직된 거 아닌가 하는, 상당수 좀 고쳤으면 하는 바람이 있는 것 같은데, 어려운 것 같다는 말씀이고요. 조 소장님께 잠깐 여쭈어보면 탈당 후에 신당 창당을 해서, 소위 진보진영이 둘로 쪼개져서,

내년 총선도 있고 해서 더 많은 지지를 얻을 수도 있겠지만, 이게 깨져서 완벽하게 박살이 나버리면 그에 대한 역사적 책임을 감당할 수 있겠습니까?

조승수: 저는 그래서 분화를 각오한 강력한 투쟁의 과정이라고 말씀드렸고, 저는 그런 노력을 할 것입니다. 어떤 분들은 분당을 위한 명분 축적용이 아니냐 하고 이야기하시는데, 그런 건 아니고요. 답답한 것은 중앙위원회에서 확인했듯이 기본적인 토론의 자세들이 서로 안 되어 있다, 당내 다수파 분들이 최소한의 자세를 보여주지 않고 있다, 라고 생각을 하고, 사퇴를 했지만 비례대표까지 책임지지 않겠다, 라고 고집하고 있고... 점점 저는 객관적으로는 이미 같이 하기 힘든 상황으로 가고 있다... 만약에 이번에 이른바 신당을 만들어서 총선에 임하게 된다면 이번 총선에 대단한 노력을 기울여야 하는 것은 사실이지만 10년을 다시 시작하는, 말하자면 민노당의 출발이 2000년인데, 사실은 97년인데 저는 97년 그때로 돌아가는 것이다, 10년의 역사 속에서 민노당은 더 이상 한국사회를 책임질 수 있는 진보정당이 아니라는 판단을 내린 것이고 ,거기서 새로운 신당을 만들어서 이번 총선의 성과와 상관없이 10년을 내다보고 다시 현대적인 좌파 정당을 만들어가는 과정일 것이라는 태도로 임하고 있습니다.

이광수: 예, 크게 두 분이 대표는 아니지만, 비슷한 입장 차이는 다

확인을 한 것 같습니다. 저희 같은 평당원 입장에서는 한쪽에서 조금 더 양보하고 한쪽에서 신중했으면 좋겠다는 그런 아주 비겁한 생각을 가져봅니다마는 뭔가 결단을 내릴 때는 대승적인, 양보나 포기 내지는 신중함이 있기를 바래봅니다. 사적으로 술자리에서 이야기를 했지만, 이미 시위가 화살에서 떠난 것 같습니다. 마지막으로 하고 싶은 말씀 한마디씩 하시고 좌담회를 접도록 하겠습니다.

장상환 : 저는, 자주파 그룹들이 자기 혁신을 할 수 있느냐에 대해서 판단을 해야 되는데, 그 리더들의 발언을 제외하고, 소속된, 많은 권영길 후보를 지지했던 사람들이 있는데, 그 분들이 책임을 물으면 자기들은 최선을 다했는데 당원들이 협조를 안 해서 그렇다, 라고만 나오지 자기들의 행태에 대해서 반성하는 것이 거의 없다는 데 문제가 있다. 이렇게까지 참담한 패배를 했는데도 책임을 져야 하는 그룹 내부에서 나오질 않기 때문에 이게 굉장히 큰 판단 자료라고 생각합니다. 수장, 리더들이 어떤 식으로든지 결정을 하지 않으면 안 움직인다는 것, 솔직히 말해서 권영길 후보를 대선 후보로 한 것은, 권영길 후보 자신은 대선 후보로 선출됨으로써 국회활동이 미진했던 것을 만회를 하고 차기 총선에서 지역구 당선을 늘린다는 데 목표가 있다, 라고 보고, 자주파들도 권영길 후보를 중심으로 내부 단결을 해서 비례대표에 다수를 확보하겠다는 데 목표를 두고 움직였다는 거죠. 하지만 그게 완전히 파산한 겁니다. 왜냐하면 권영

좌 담 1

길 후보, 당선 가능성이 거의 없는 거죠. 2004년 총선 때는 정말 한나라당을 제외한 모든 세력이 집결해서 당선된 거고… 지금 지지율이 떨어져서 13%보다 더 낮은 것을 얻게 되면, 비례대표 자리도 위태로워지는 거지요. 그래서 저는 자주파 리더들한테 판단해보라고 하는 것이 뭐냐면, 자기들이 책임지고 했는데 잘못됐으면 과감하게 물러서서 반성을 하고, 앞으로 어떻게 하겠다는 검토를 해서 넘기고, 다시 환골탈태해서 당이 지지율을 높이면 그 속에서 변화된 자기 포지션을 가지고 지분을 얻는… 이것이 사실 현실적인 것이 아니겠느냐 하는… 이것을 하지 않고 자기의 정당성에 대해 고집을 하고 일시적인 면피용으로 하게 되면 당이 쪼개지고 민족해방파는 완전 몰락, 파산을 하고 말 것이다. 그런 갈림길에 있다. 이런 메시지를 전하고 싶습니다.

이창우 : 민주노동당 내에는 좌파들의 다양한 정치 성향, 스펙트럼이 공존할 수 있는 그런 당으로 알고 들어왔다가 실망하고 탈당하는 사람들이 꽤 있습니다. 이번 대선 결과를 보면서 실망한 당원들의 탈당 도미노가 일어나고 있습니다. 그것은 지금까지 이야기했던 패권주의의 문제입니다. 노선적으로 친북이냐 종북이냐 하는 부분도 문제겠죠. 저는 당의 다양한 자원들이 축적되지 못하고 남아 있지 못하는 것을 심각하게 생각합니다. 다양성이 서식할 수 있는 환경을 지금까지 당이 만들어놓지 못한 것에 대해서도 다수파가 책임을 지고 통감해야 합니다. 비

레대표 선출이나 당직 선거를 하는 과정에서 소수 의견들이 공존할 수 있고 함께 할 수 있는 룰을 만드는 것보다 승자 독식이나 다수 독식 등 자기의 정파적인 노선을 강화하는 정파 독식에만 집착해온 것이 당을 이런 지경으로 몰고 온 것에 대해 뼈아프게 반성해야 합니다.

민병렬 :   저는 이제 대선을 겪으면서 실제로 현장에서 조합원들을 만나기도 하고 길에서 시민들을 만나기도 하면서, 외면과 냉담을 받으면서, 어쨌든 시민의 눈에는 민노당의 한 존재로 비춰지고 있고 그것이 결국엔 이러한 외면과 냉담을 불러온 책임이 스스로에게 무한대로 있다, 라고 생각을 하면서... 서두에도 나온 이야기지만, 어쨌든 대선 과정도 그렇고, 지난 4년간의 과정에서도 그렇고, 사실 시당에서 책임질 위치가 아니긴 했지만, 당의 방향을 이렇게 끌어오는 속에서 부분적인 역할을 한 사람으로서 무한한 책임을 져야 한다는 생각을 하게 됐고, 그런 차원에서 결국 당내에서 억울한 감이 없지 않지만, 어쨌든 실제 당을 풍성하게 하는 데는 관심이 없고, 자기 자리 차지하는 데 관심이 많았다는 비판에 대해 할 말이 없게 됐고, 억울하다고만 생각하는 것에 대해서 내용적인 성찰을 깊이 있게 하지 않으면 한없이 대중들이 기다려주는 것은 아니다, 라는 생각을 하게 됐습니다.

좌담 1

곤혹스러운 민주노총의 처지

최용국: 민주노총에서나 당 활동에서나 정파를 하지 않는다… 물론 운동이라는 것은 사상과 신념을 가지고 하는 건데, 현재 정파 운동 방식에 대해서 저는 굉장히 비판적입니다. 선거 조직이다, 그렇지 않게 활동하는 분도 있지만, 전반적으로 그런 형태로 가기 때문에… 저는 소신껏 제 입장을 상황에 따라 이야기하고 있는데, 하여튼 제 생각은 분당은 최대한 안 해야 된다. 시간이 필요하고, 이번 계기를 통해 최대한 우리 민주노동당의 정체성, 정파활동 방식 등을 교정하고 거듭날 수 있는 시간이 필요하고 최대한 노력해야 한다. 그리고 분당을 하든 안 하든 이번 내부에 문제가 되고 있는 증폭된 문제에 대해 일반 국민들에게 설명을 해야 한다는

최용국 민주노총 부산본부장

것입니다. 또 당원들의 판단도 물어봐야 하고, 활동가 중심으로 제기되고 있는데 대중적으로 했으면 좋겠습니다. 국민들은 잘 모르기 때문에, 다른 보수 정당처럼 책임공방, 헤게모니 다툼으로 비춰지면 다 어려워지기 때문에 국민들에게 설명을 해야 합니다. 가장 난처한 쪽은 민주노총의 처지입니다. 민주노총 또한 당의 정파구조와 연동되어 있습니다. 그리고 배타적 지지를 하고 있는데, 굉장히 곤혹스럽고 혼란스럽습니다. 지금까지 부족하지만 어려운 가운데 전적으로 민주노동당을 밀어왔는데, 어느 날 갑자기 깨겠다고 하면 그 실망감과 배신감은 실로 엄청 날 것입니다. 만약에 이번에 당이 깨진다면 앞으로 현장 정치 사업은 상당히 어렵지 않겠나 생각합니다. 민주노총 조합원들에게도 지금 논쟁에 대해 풀어서 설명하고 해결방안에 대해서도 물어 봐야 합니다. 그게 최소한의 예의입니다.

이번에 전진 쪽에서 비례대표 불출마를 선언했던데, 그게 문제의 본질은 아니지만 그런 태도가 괜찮았다고 생각했는데, 자주파들도 기꺼이 비례대표를 포기하는 모습이 있었다면 노선상의 근본적인 문제도 있지만, 이런 것들이 모아져서 당이 통 크게 모아내고 새롭게 화합하는 계기가 될 수도 있다고 봅니다. 어쨌든 결론적으로, 서두르지 말았으면 좋겠습니다. 진보 정당이 10년 됐는데 이런 시행착오와 아픔들이 민노당이 전진하는 데 소중한 밑거름이 됐으면 좋겠습니다.

조승수:　　개인적으로 가슴이 아픕니다. 저도 이번 문제를 고민하면서... 제가 생각하는 신당도 기본적으로 노동자 계급에 기반한 진보 정당이기 때문에 이것을 현장 당원들에게 어떻게 설명하고 이해시킬 것인가 곤혹스럽습니다. 저는 올 봄에 진보정치연구소 소장으로, 사실은 민노당의 지난 역사에 대한 제 나름대로의 진단을 했습니다. 그 중의 하나가 지금 당 위기의 핵심인 종북주의와 실 권력을 놓고 권력동맹을 맺은 국민과 자주, 이것이 민주노총의 구조를 그대로 당으로 이전한 문제가 하나 있고, 또 하나는 종북주의 문제... 두 가지를 진단하면서, 말하자면 제 문제의식의 출발은 어떻게 하면 민노당이 현대적인 좌파정당으로 거듭날 수 있을 것인가, 이런 고민들을 했습니다. 사실 제가 올 여름쯤에 글을 써서 공개하지 않은 글을 보내기도 하고, 11월에는 개인적인 토론회도 마련하고, 결국 이번 대선 후보 경선과정에서 같이 하기 힘들다는 판단을 했습니다. 하지만 그건 혼자의 생각이지 그게 어떻게 현실적으로 가능할지에 대해 답을 가지고 있었던 것은 아닌데 결과적으로 대선결과가 나옴에 따라 더 문제가 증폭되고, 그래서 평소에 저를 알던 사람들은 저 양반 저런 스타일이 아닌데 왜 저렇게 급진 과격파로 바뀌었는가 이런 이야기도 듣곤 했습니다만, 결국 지금 저는 책임 있는 위치에 있는 사람들의 자기 역할이 굉장히 중요하다... 이렇게 제가 볼 때 분명히 당이 위기로 가고 있고 대선 결과도 뻔할 것 같고, 그게 총선으로 이어지고... 그야말로 일본식의, 소멸해가는 진보정당의 길이 뻔히 보임에

도 불구하고 책임 있는 지도자들이 자기 고민과 결단과 방향 제시를 하지 않는다면 무책임한 것이 아닌가, 하는 마음을 먹고 개인적인 발언을 하기 시작했고요. 같은 연장선에서 당내 지도자들이 책임 있게 말하지 않는 데 대해 굉장히 실망스럽습니다. 그것이 당장 총선이라는 중요한 문제도 있고 민주노총 등등 만만치 않은 문제가 있지만, 언제부턴가 짧은 시간에 제도권에 들어선 민노당이 엄숙주의와 자기 검열을 너무 강하게 한다는 거죠. 신중하게 할 땐 하더라도 모두가 혼란스러워 할 때 책임져야 할 지도자들이 같이 혼란하고 말 것이냐... 비록 확신이 서지 않더라도 중요한 문제를 발언하고 토론하고 같이 방향을 만들어가야 하는 노력들이 절실하다... 그런 측면에서 본다면 이후의 신당은 과거의 경력이나 지위나 이런 문제로부터 지도력이 형성되는 것이 아니고, 그 신당이 현대적 좌파정당으로 제대로 설 수 있는 데 기여하고, 내용을 가지고 있는 사람, 그리고 그것을 바탕으로 실천하는 사람들이 지도력의 형성 과정에 중심에 서야 될 것이고 그렇게 되어야 한다고 봅니다.

이광수: 저는 궁극적으로 진보라고 하는 것에 대해 그렇게 생각합니다. 진보는 세 가지 축으로 움직인다. 하나는 변화고, 변화하다 보면 소수로 남게 되는 것이고, 소수로 남으면 연대해야되고. 이렇게 계속 맞물리는 것이 진보정치, 진보 사회운동이라고 생각하는데, 어느 쪽이든지 마찬가지라고 생각합니다.

좀 더 변화했으면... 그래서 자기들 스스로가 소수인 것에 대해서 두려워하지 말고, 소수로 갈 때는 가더라도 같이 있었던 동지, 또 같이 하고 싶었던 동지에 대해 너무 큰 아픔과 상처를 주는, 비록 정치판이지만 그런 것은 자제했으면... 그래서 나중에 다시 연대할 수 있는, 혹은 내부에서 끝까지 같이 연대해 나갈 수 있는 성숙된 행동이 있었으면 좋겠다 하는 말씀을 드리면서, 두 시간 반 동안 긴 시간을 참여해주시고 적극적으로 발언해주서서, 토론에 참여해주신 데 대해 감사드립니다.

오늘 좌담회는 여기서 마치도록 하겠습니다.

노옥희

부산대학교를 졸업한 후 울산 현대공업고등학교(현, 현대정보과학고) 교사를 지내다 1986년 교육민주화 선언과 관련하여 해직되었다. 고교평준화 운동 등 지역 교육발전에 앞장서 '울산 경실련이 기억하는 시민상' 과 '전태일 노동상' 을 수상했다. 현재 울산인권운동연대 이사이며 민주노동당울산시당 민생특별위원장이다.

대선 이후 진보 길 찾기
노무현 참여정부 5년 평가와 새 정부 5년 전망

● 노옥희 ● 민주노동당울산시당 민생특별위원장

2007년 12월 19일 대통령 선거가 끝난 직후 발표한 출구조사 결과는 예상보다 훨씬 심각했고, 개표결과도 별반 다르지 않은 개혁·진보진영의 참패였다. 그 결과를 두고 평가가 한참 진행 중이지만 나는 대체로 '노무현 정부에 대한 저항투표' 라는 평가에 동의한다. 노무현 정부의 잘못에 대한 저항이 한나라당 이명박에게로 향한 것을 두고 국민이 보수화되었다고 하는데 대해서는 동의하는 측면도 있지만 전적으로 동의하지는 않는다. 노무현 정부를 대신할 '믿음직한 진보' 가 없었기 때문이기도 하며 노무현과 이명박을 누가 더 진보라고 여길 수 있는 게 없었던 결과라고 생각한다. 그러면 노무현 정부는 뭘 얼마나 잘못했기에 역대 선거 중 가장 큰 500만 표가 넘는 표차로 정권을 넘겨주는 수모를 겪게 되었을까 생각해본다. 노동자, 서민의 눈높이에서 바라보는 바를 상식의 수준에서 정리해본다.

노무현 정부 5년간 도대체 뭘 잘했나를 살펴보면 그다지 떠오르는 게 없다.

'참평포럼'의 월례회 강연에서 노무현 대통령이 노사모의 열광과 환호, 기립박수 속에 자화자찬으로 3시간이 넘게 진행하는 것을 보면서 '그들만의 잔치'라는 생각을 떨칠 수가 없었다. 그동안 미뤄왔던 많은 일들을 했다고 하고 있지만 별로 중요하게 다가오는 것이 없었다. 그들의 평가와 달리 국민들의 눈높이에서 보면 정치에 있어 돈 안 드는 선거를 정착시킨 점, 행정수도 이전과 공공기관 지방이전 등 지역균형발전과 지방분권의 토대를 마련한 점, 권위주의 시대에 행해진 과거사 진상규명 활동 등을 들 수 있으나 노동자, 서민의 입장에서 볼 때 그다지 의미 있게 와 닿지 않는다. 돈 안 드는 선거라 하더라도 여전히 돈 없이는 선거를 치를 수 없으며 특히 지역균형발전이나 지방분권의 의제는 지방정부를 지역토호세력들이 잡고 있는 상황에서는 토호들의 권력을 강화하는 것 이상으로 되지 못한게 아닌가 싶다. 그동안 미뤄왔던 숙원사업인 새만금 사업, 방폐장 문제 등을 해결했다고 하나 그 방법이나 내용에 있어 그다지 바람직하다고 보기 어렵게 느껴진다. 각종 경제지표가 나아졌다고 하고 있으나 사회양극화를 나타내는 지표는 더 나빠졌고 서민들의 삶은 나아지지 않고 있다. 평화통일의 의제에 있어서도, 구체적인 예를 들지 않더라도 최초의 남북정상회담을 이루어내서 노벨평화상을 받은 김대중 대통령에 미치지 못한다는 것이 대체적으로 드는 생각이다. 군사분계선을 걸어 넘어가서 이루어진 제2차 정상회담도 김대

　　　　　　　　　　　　　　　　　　　　　　노옥희

중 대통령과 김정일 국방위원장의 만남보다는 그 감동이 덜했다. 국민의 정부 시절 닦아놓은 토대 위에 크게 진전했다고 하기는 어려울 것이다.

지지자를 배반한 민주적이지
않은 노무현 정부

지난 2002년 대선에서 노무현 대통령이 당선된 다음날 만난 한나라당 사람들은 축하한다는 말을 했다. 노무현을 지지하지도 않은 사람에게 축하라니! 그렇다, 노무현은 민주노총을 비롯한 노동자, 서민들과 심지어는 한나라당 집권을 걱정하던 민주노동당 일부 당원의 지지를 받아 당선된 것이다. 그러니 노무현의 당선이 바로 진보진영의 승리라고 보는 것도 무리는 아니었을 것이다. 그리고 실제 당시 민주노총 조합원의 상당수가 민주노총의 민주노동당에 대한 배타적 지지 방침에도 불구하고 노무현을 지지했다. 그런 만큼 노무현 정부에 대한 기대가 클 수밖에 없었다. 그러나 그 기대가 무너지는 데는 그다지 많은 시간이 걸리지 않았다.

노무현 정부를 지지한 많은 사람들은 노무현이라는 인물이 갖는 상징으로 인해 수구 보수 세력들과는 물론이고 그 이전의 김대중 정부보다도 훨씬 민주적이고 특히 미국에 대해 할 말을 할 것으로 기대했으리라 짐작된다. 그러나 결코 그러하지 않았다. 대표적인 예가 이라크 파병이었다. 미국과의 우호적인 관계를 이유로 명분 없는 침

락전쟁에 군인을 보내면서 지지자를 배반하는 길로 들어섰다. 지난 해 말 최근 한두 나라를 제외하고는 파병한 모든 나라들이 철군하는 데도 파병 연장을 결정하는 것을 보면서 대통령의 의지와 달리 파병할 수밖에 없는 사정이 있을 것이라 이해하려 했던 지지자들은 마지막 남은 기대를 미련 없이 버렸을 것이라 본다. 또 한미 FTA 타결과정은 반대 세력의 집회와 표현의 자유를 제한하고, 최소한의 의견수렴 절차도 거치지 않은 채 진행되었다. 노무현 정부가 자랑하는 절차적 민주주의를 심각하게 훼손하는 민주적이지 않은 정부라는 낙인이 찍히게 되었다. 엄연히 찬반이 있는, 다음 세대의 미래가 걸린 중요한 사안임에도 일방적으로 정부의 입장만 홍보하면서 미국 무역촉진권한 기한에 맞추어 졸속으로 밀어붙이는 방식으로 진행하는 것을 보면서 민주주의에 대해서도 심각한 정부라는 인식을 심어주었다.

노동자, 서민의 삶을 외면한
노무현 정부

　　　　　　　김대중 정부는 김영삼 정부의 IMF 구제금융과 신자유주의 경제정책을 이어받아 기업 구조조정을 통한 노동자의 대규모 정리해고로 노동자들의 삶을 어렵게 하고 사회양극화를 심화시켰다. 그럼에도 불구하고 3년이란 빠른 기간에 외환위기를 극복했다는 이유로 김대중 정부는 국민들에게는 국가부도를 막아낸 정부로 사실 여부와 관계없이 마치 경제정책이 성공한 정부인양 알

　　　　　　　　　　　　　　　　　　　　　　　노 옥 희

려졌다. 그 영향으로 노무현이 집권에 성공하게 되었다. 그러나 노동자, 서민의 희생은 점점 커져가는 가운데 2006. 11. 30 비정규직보호라는 이름으로 비정규직을 양산하는 법을 통과시키면서 비정규 노동자의 원망이 전국을 뒤덮고 있다. 2007년 3월 기준으로 통계청의 '경제활동인구조사 부가조사' 에 따르면 비정규직이 879만 명으로 2002년 772만 명에 비해 100만 명이나 늘어난 것을 통해서도 확인되는 심각한 수준이 되었다.

비정규보호법 시행을 앞두고 대량해고, 외주용역화에 맞선 이랜드 노동자들의 투쟁을 비롯하여 전국적으로 비정규직 노동자들의 투쟁이 끊임없이 일어나고 있지만 어디에도 정부의 모습은 보이지 않는다. 오히려 투쟁하는 노동자들에게 이전 정부보다 더 많은 손배 가압류와 구속으로 정부의 존재를 드러내고 있다. 구속노동자회의 집계에 따르면 지난 2003년 이후 노무현 정부에서 구속된 노동자는 2007. 11. 30 현재 모두 1,037명으로 김영삼 정부의 632명, 김대중 정부의 892명에 비해 현격히 많다는 것을 숫자가 말해주고 있다. 노무현 대통령은 국회의원 시절 현대중공업 파업현장에서 노동자 투쟁을 선동하는 대중연설로 노동자들을 사로잡으면서 노동자들의 각별한 애정과 지지를 받아왔다. 그러나 당선 이후 이러한 행보로 인해 이전의 기대에 비례하여 배신감의 크기도 커져갔다. 특히 비정규직 문제를 해결할 의지를 보이지 않는 가운데 정규직 대공장 노동자들을 향해 이기적인 노동자라며 비정규직 문제의 책임을 그들에게 떠넘기면서 정규직 노동자들로부터도 멀어지게 되었다.

현재 국회 비준을 앞두고 있는 한미 FTA 타결에 있어서도 멕시코의 사례를 비롯하여 현재의 협상 내용으로 체결될 경우 심각하게 우려할 상황들이 벌어질 것이라는 경고가 있었지만 이에 주목하지 않았다. 심지어는 여권의 대표 주자들도 반대하고 있음에도 무리하게 밀어붙이면서 농민을 비롯한 노동자, 서민의 삶을 파탄내는 정부임을 보이고 있다. 한미 FTA 협상 타결과 관련해서도 노동자, 서민의 삶에 미치는 영향이라는 관점보다는 수출이 증가하고 투자가 늘어 국가경쟁력이 강화된다는 내용으로만 일관하면서 믿음을 주지 못했다. 결정적으로는 정부에서조차 농업 부문이 파탄날 것이라고 하면서도 뾰족한 대책 없이 강행하면서 농민들의 민심이 극대로 이반하는 결과를 가져왔다. 한편 한미 FTA가 곧 다가올 미래의 재앙이라면 부동산 문제는 국민은행 '주택가격지수 시계열' 자료에 따르면 지난 5년 전국 평균 34% 아파트값 인상으로 노무현 정부 5년 내내 아킬레스건이 되어 도시서민의 민심이 이반되는 역할을 하였다.

개혁의 동반자를 개혁의 대상으로
전락시킨 노무현 정부

노무현 정부의 각종 정책들은 김대중 정부의 신자유주의 정책기조를 그대로 따랐고 정도의 차이는 있지만 효율과 경쟁이 주조를 이루었다고 할 것이다. 그리고 탄핵정국을 통해 과반의석을 만들어주었으나 국가보안법 철폐나 사립학교법의 민주적 개정을 이루지 못함으로서 도대체 뭘 하려는지를 알 수

　　　　　　　　　　　　　　　　　　　　　　　노옥희

없는 무능한 정부로 인식되기에 이르렀다.

임기 시작 초기에 각 분야에 개혁을 주도해왔던 세력과 손잡고 국민들을 믿고 강하게 추진해 나갔어야 함에도 불구하고 기득권 세력들의 눈치를 보면서 오히려 개혁의 주체가 되어야 할 세력들을 개혁의 대상으로 만들어버렸다. 교육개혁의 경우 그동안 교육개혁을 주장해왔던 교사, 학생, 학부모 세력들을 바탕으로 교육의 공공성 확보, 학생인권, 학교민주화를 힘있게 추진하지 못한 채 여전히 경쟁논리에 사로잡혀 주저하다 좌초되고 말았다. 그 결과 특목고, 자립형 사립고 등으로 고교평준화가 무너지고 있고, 국립대학 법인화 시도로 교육공공성이 심각하게 훼손될 위기에 놓이게 되었다. 뒤늦게 대선공약을 통해 강도 높은 교육개혁을 내세우고 있으나 이미 신뢰가 무너진 상태에서 흐름을 돌리기에는 역부족이 되었다.

경제부분은 더욱 심각하여 개혁의 대상이 되어야 할 삼성재벌에서 생산하는 정책에 의존해서 정책을 만들고 경제 관료들이 삼성의 연구소에서 연수를 받는 것도 모자라 인적자원까지 삼성에서 차용함으로서 오히려 삼성이 정부를 관리한다는 말이 설득력을 얻고 있다. 이런 상황에서 재벌개혁은 고사하고 검찰을 비롯한 정부 각 기관의 관료가 삼성에 의해 관리되고 있음이 김용철 변호사의 폭로를 통해 증명되고 있다. 연말에 단행한 특별사면에서도 그동안 각종 비리로 구속된 재벌 총수들은 줄줄이 풀려나오는 것을 통해 여전히 재벌들의 정부, 가진 자들의 대통령이란 사실이 확인되었다. 노무현 정부의 성격에서 비롯된 것일 수도 있으나 삼성을 넘어서서 개혁을 주도해 나갈 주체 형성 등의 준비를 하지 못한 채 경제관료들에게 포위되어

간 것은 한계일 수도 있을 것이다.

앞에서 이번 대선에서 이명박의 압승은 '노무현에 대한 저항투표'의 성격이 강하다고 한 바 있다. 노무현에 대한 저항으로 선택한 이명박 정부가 어떤 모습으로 다가올 것인지를 대선공약과 현재 진행되는 인수위 활동을 통해서 미루어 짐작할 수 있을 것 같다. 어떤 정부든 잘못하면 바뀔 수 있다는 의미에서 이번 대선결과가 긍정적인 부분이 있다고 할 수도 있겠으나 노동자, 서민의 삶이라는 관점에서 보면 고단한 5년 아니 더 이상이 기다리고 있다고 할 수 있을 것 같다.

이명박 정부 5년은 노동자, 서민의 고달픈 삶이 더욱 고달파질 것이다.

이명박 당선자는 당선되자마자 예상보다 훨씬 빠른 속도로 강도 높게 출총제 폐지, 금산분리 폐지 등 재벌규제 완화와 각종 부동산관련 세금 완화 및 대운하 건설을 통한 부동산 투기 조장, 고교다양화 300 프로젝트, 3단계 대학자율화 등 교육공공성을 파괴하는 정책들을 쏟아내고 있다. 노무현 정부의 시장경제와는 비교가 되지 않는 재벌기업 CEO 출신답게 돈 있는 사람에게는 천국이고 없는 사람에게는 지옥이 될 것이란 예상이 그리 어렵지 않을 것 같다. 이런 자신감은 압도적 지지로 당선된 것에서 비롯되며 상대적으로 개혁 · 진보세력과 시민사회의 역량은 결집되지 않고 있어 집권초기에 강도 높게

  노 옥 희

밀어붙이는 것을 넋 놓고 당하지 않을까 우려된다.

노동자의 희생을 전제로 하는
'기업하기 좋은 나라'

이명박의 경제정책은 그의 이력에서 그대로 알 수 있다. 문국현이 중소기업 CEO 출신으로 중소기업 중심, 사람중심 경제라면 이명박은 개발독재시대 토건기업 대기업 CEO 출신으로 대기업위주의 성장주의 경제정책을 펼 것이다. 개발독재 시대 국가주도 경제에서 신자유주의 시장위주 경제로 기업에게 무한한 자유를 주는 경제가 될 것이다. 그의 대표공약인 '747 공약'에서도 드러나는 대목이다. 그간 노동조합에 대한 발언들을 보면 노조에 대한 그의 천박한 인식을 알 수 있는데 그가 내세우는 '기업하기 좋은 나라'는 새삼스러운 것이 아니지만 천박한 그의 노조관과 결합하면 노동시장유연화를 더욱 가속화시킬 것이며 이는 구조조정과 비정규직 양산으로 나타나게 될 것이다.

노무현 정부가 기회 있을 때마다 손질하려 했던 정책들이 전면화되고 있다. 약간이라도 기업하기 불편한 것은 모두 풀겠다는 것이고 그것도 대기업 위주로 하겠다는 것이다. 재벌들이 바라는 출자총액제한제 폐지, 금융·산업 분리 폐지, 법인세 인하 등으로 재벌의 경제력 집중과 재벌의 사회경제적 영향력은 더욱 커질 것이고 지금도 문제가 되고 있는 삼성이 은행까지 갖게 될 경우 재벌의 폐해는 더욱 커질 것이다. '품격 있는 대기업 수사'라는 말은 대기업 봐주기를 주문하는 것으로 지금도 공공연히 행해지는 '유전무죄, 무전유죄'를 더욱 노골화하게 될 것으로 보인다.

경부대운하 건설, 부동산관련 세금
완화로 부동산 투기 천국

　　　　　　　　이명박 당선자의 주요공약인 경부대운하 건설은 집권초기에 시민, 환경단체의 반대에도 불구하고 강하게 밀어붙여서 임기 내에 완성하겠다고 한다. 이미 대운하가 건설될 예정인 지역은 부동산 투기 바람이 불어 최고 시가의 10배에 해당하는 가격으로 매매가 되고 있다고 한다. 한편, 경부대운하 건설의 성공 여부는 이명박 정부의 성패를 가름하는 시험대가 될 가능성도 있을 만큼 찬반을 두고 임기 내내 갈등이 계속될 것이라 전망된다.

부동산 정책은 그동안 노무현 정부의 규제 위주 정책에서 탈피하여 경기 부양에 맞춰져 있다. 종합부동산세, 양도소득세 등 부동산 관련 세금을 완화해주고, 민간택지에 대해 분양가 상한제를 폐지하고, 재개발, 재건축 규제 완화로 대표되는 부동산 정책은 부동산에 투자할 자본을 가진 사람들에게는 걸림돌 없는 투기를 통해 부를 더욱 축적할 수 있는 기회가 열린 반면 그 부담은 대다수 노동자, 서민에게 가중되어 소득양극화가 심화될 것이다. 임기 시작 1년간 현 정책을 지켜보기로 유보하고 있으나 큰 틀에서 방향은 바뀌지 않을 것 같다.

　　　　　　　　　　　　　　　　　　　　　　　　　노 옥 희

자율화, 다양화란 이름으로 빠른 속도로
훼손될 교육공공성, 사교육 천국

이명박 정부 인수위가 첫 업무보고로 교육부를 잡아서 아예 교육부를 없애겠다고 하고 있다. 관치의 상징인 교육부를 없애고 그동안 참여정부에서 진행해온 신자유주의 시장화 교육정책을 더욱 전면화하겠다는 것이다. 고교평준화를 보완한다는 명분으로 설립한 특목고, 자립형 사립고로 인해 이미 무너지고 있는 고교평준화를 고교다양화 300 프로젝트를 통해 완전히 해체하겠다는 것이다. 고교평준화 해체로 좋은 고등학교에 가기 위해 중학교까지 입시경쟁이 강화될 것이 불을 보듯 뻔하다. 3불 중 기여입학제를 제외한 고교등급제와 본고사 금지 해제는 3단계 대학자율화와 결합하여 필연적으로 본고사 부활을 가져오게 되어 고등학교 서열화가 가속화되고 사교육비 천국이 될 것이다.

대학입시를 완전 자율화할 경우 대학별 다양한 입시제도를 공교육 기관에서 제대로 소화하기 어렵게 되어 사교육시장 의존도가 커질 수밖에 없게 된다. 결국 사교육비 부담 정도가 서열화된 대학 진학에 미치는 영향이 현재보다 훨씬 커지게 될 것이다. 참여정부에서 계속 시도하려다 신설 울산과학기술대에서 빗장이 풀린 국립대 법인화도 더욱 강도 높게 진행할 것으로 예상되며 구체적으로는 등록금 인상으로 나타날 것이다. 이는 곧 노동자, 서민에게는 교육을 통한 신분의 대물림이 강화되어 교육비 부담에 따른 고통에 더해 자식들에게서도 희망을 찾기가 어렵게 될 것이다.

노동자, 서민에게 희망 주는 '믿음직한 진보'를 만들어가야
한다.

한겨레신문과 리서치플러스의 '앞으로 우리나라가 어떤 나라가
되는 것이 바람직하다고 생각하느냐'는 질문에 67.2%가 '사회복지
가 잘 갖춰진 사회', 31.6%가 '경제적 물질적으로 풍요로운 사회'라
고 답했고, 기업의 고용과 해고에 대해서도 '자유롭게 하는 것이 바
람직하다'(21.4%)보다 '규제하는 것이 바람직하다'(76.3%)는 답이
훨씬 많은 것으로 나타났다. 그리고 '앞으로 어떤 성격의 정당이 우
리 정치·사회를 바람직한 방향으로 이끌고 나갈 것으로 보는가'라
는 질문에는 28.8%가 진보정당, 27.9%가 보수정당으로 답했다. 이
조사결과를 분석한 이준한 인천대 교수(정치학)는 "이번 조사를 보
면 우리 사회가 보수화되고 있다고 단정할 수 없고, 여전히 진보적
가치에 대한 국민들의 기대는 높다"며 "그럼에도 진보정당에 대한
선호도가 대폭 하락한 것은 진보정당과 세력들이 국민들의 기대에
맞는 대안을 내놓지 못한 때문으로 해석할 수 있다"고 말했다. 〈한겨
레신문, 2008. 1. 1〉
　대선 참패에도 불구하고 여전히 진보적 가치에 대한 기대를 가지
고 진보정당을 바라는 한 가닥 희망의 불씨를 어떻게 살릴 것인지가
진보진영에게 주어진 숙제이다.

　　　　　　　　　　　　　　　　　　　　　　　　노 옥 희

'믿음직한 진보'를 어떻게
만들어 갈 것인가?

지금 민주노동당은 대선패배의 원인과 책임, 향후 진로에 대한 치열한 논쟁을 벌이고 있다. 이번 대선 결과로 국민들은 이미 민주노동당을 자신들을 대변할 수 있는 믿음직한 진보로 보지 않는다는 것으로 확인되었기 때문이다. 정치신인 문국현의 선전은 바로 변하지 않는 민주노동당에 대한 반대투표의 결과라고 볼 수 있을 것이다. 민주노총에 기대어 비정규직을 포괄하지 못하는 민주노총당, 북한정권에 대해 할 말을 제대로 못하는 친북정당, 새롭게 제기되는 다양한 진보적 가치에 조응하지 못하는 낡은 정당, 대중동원 방식을 넘어서는 대안수립으로 나아가지 못하는 데모정당, 대안부재정당이라는 것이 논쟁의 내용이다.

이 논쟁은 민주노동당 안에서 시작되었지만 민주노동당만의 문제는 아니다. 대표적인 진보정당인 민주노동당에 제기된 많은 문제들을 극복하는 믿음직한 진보정당을 새롭게 건설할 수 있을 것인가의 문제이다. 현재의 민주노동당을 구성하는 협소한 틀을 넘어서 비정규직 노동자, 진보적인 시민단체 활동가 등을 포괄하는 광범위한 진보진영이 함께 할 수 있어야 하고 어떤 내용으로 이들과 함께 할 수 있을지에 대한 논쟁인 것이다. '창조적 파괴'가 절실히 요구되는 시점이다. 대체로 비정규직 문제, 한미 FTA 문제, 북핵과 북한 정권에 대한 입장을 어떻게 할 것인가 등 '믿음직한 진보'가 가져야 할 최소한의 합의가 있어야 할 것이다.

새로운 시작의 출발점은 여전히 노동자,
서민이 서 있는 이곳이다.

이러한 논쟁 중에도 노동자, 서민의 고단한 삶은 멈추지 않고 있으며, 정치일정 또한 진보진영의 준비정도와 상관없이 진행된다. 이명박 압승의 여세로 100일도 남지 않은 총선은 개혁·진보세력이 전열도 정비하지 못한 가운데 치러질 수도 있다. 개혁·진보세력의 또 한 번의 몰락이 두려운 것이 아니라 이명박 대통령과, 여당이 국회 과반의석, 최악의 경우 개헌 가능한 의석을 차지한 이명박 정부 5년의 노동자, 서민의 삶이 어떤 모습이며 다음 세대는 어떤 삶을 살아야 하는가가 두려운 것이다. 이미 빗장이 풀린 각종 신자유주의 정책을 뒷받침하는 법률들이 개정되어 제도적으로 완성되는 것을 막을만한 역량이 모아질지 우려스러운 것이 개혁·진보세력의 고민이다.

지난해 이랜드 투쟁이 시작될 때 민주노총은 민주노총의 깃발을 내리든지, 이랜드가 망하든지 둘 중 하나가 되도록 모든 것을 걸고 싸우겠다고 했다. 비정규악법 시행을 앞두고 벌어진 상징적인 투쟁이었기 때문에 진보진영 전체도 관심을 가지게 되었지만 민주노총은 이 투쟁을 승리로 이끌지 못한 채 해를 넘기게 되었다.

시민사회를 비롯한 진보진영은 김용철 변호사의 삼성비리 폭로로 벌어진 삼성재벌 개혁, 이명박 후보의 BBK 부패비리 연루 등의 사안에 대해 의미 있는 힘을 조직하지 못하고 특검으로 넘어가 특검 결과만 보고 있는 상태가 되고 있다.

객관적으로 아무리 좋은 상황이 오더라도 주체적인 준비 정도만

노 옥 희

큼 전진할 수밖에 없으며, 주체적인 준비를 넘어서서 일시적으로 승
리하더라도 그 승리가 오래가지 못한다는 것을 여러 경험을 통해 확
인하고 있다. 아무리 어렵더라도 노동자, 서민의 눈높이에서 그들과
함께하며 한걸음씩 걸어 나가면서 스스로 희망을 만드는 것만이 진
정한 승리로 가는 지름길이 아닐까하는 것이 이번 대선 결과에서 얻
은 소중한 성과이다.

김정호

전 금속노조 교선실장, 금속노조 경남지부 부지부장을 지냈고 현재 (사)미래를 준
비하는 노동사회교육원 소장이다.

실패한 '계급투표' 와
노동자 의식화

●김정호● (사)미래를 준비하는 노동사회교육원 소장

이명박의 승리와 정동영의 패배는 이미 예견된 것이었다. 정작 충격적인 일은 민주노동당이 '참패' 한 것이다. 많은 사람들이 지적하듯이 17대 대선은 일차적으로 노무현 정권에 대한 심판의 장이었다. 노무현 정권의 실정에 대한 국민들의 심판은 냉혹했다. 이명박과 한나라당은 '경제 살리기' 를 구호로 참여정부에 등 돌린 사람들의 표를 스폰지가 물을 빨아들이듯이 흡수했다. 이에 반해 민주노동당은 지지층마저도 결집하지 못하면서 2002년 대선보다 못한 3%의 초라한 득표에 그쳤다. 국회의원을 열 명씩이나 배출한 어엿한 원내 3당이, 5년 전에 비해 유권자들의 사표 심리가 훨씬 약화된 상황에서 몇 달 사이에 급조한 정당의 후보보다도 저조한 표를 얻었으니 그 참담한 처지를 어떻게 말로 다할 수 있을까.

그러기에 대선 결과를 놓고 민주노동당이 '분당' 까지 거론되는 극심한 내분에 휩싸이는 것은 지극히 자연스러운 일인지도 모른다. 이참에 대선투쟁에 대한 평가뿐 아니라 그동안 끊임없이 혼선을 빚어왔던 당의 이념과 정체성, 그리고 패권주의적 조직 운영의 문제들까지 낱낱이 짚어내고 평가해야 할 것이다. 그 바탕 위에 진보정치운동은 환골탈태한 모습으로 거듭나야 할 것이다.

더 나아가 이번 대선은 단지 민주노동당만의 '패배' 는 아니다. '8010(80만이 열 표를 조직하여 대선에서 승리하자)' 이라는 거창한 구호가 무색하게도 민주노총은 조합원 표를 결집하는 데도 실패했다. 그런 점에서 이번 대선은 민주노동당의 가장 중요한 대중적 기반을 이루고 있는 민주노총의 '패배' 이기도 하다. 따라서 이번 대선 결과는 민주노동당과 민주노총을 포함한 전체 노동운동 진영에 그동안의 활동에 대한 근본적인 반성과 성찰을 요구하고 있다.

한국사회는 보수화되었는가?

대선 결과를 놓고 우리 사회의 보수화 여부가 쟁점으로 제기되고 있다. 어떤 이는 유권자들의 관심이 '경제' 에 몰렸다는 점, 노무현의 지지층이 이명박 지지로 돌아선 점, 그리고 젊은 층의 탈정치화 현상을 근거로 대중들의 정치의식이 보수화되었다고 주장한다. 이에 반대하는 사람들은 이번 대선이 이명박에 대한 지지보다는 참여정부에 대한 심판의 성격이 강했다는 점과 저조한 투표율 등을 근거로 탈이

김 정 호

념적 중도가 늘어났을 뿐 보수가 늘어난 게 아니라고 반박한다.

　이명박과 이회창의 득표율을 합치면 63.7%에 달한다. 이것은 확실히 우리 사회 정치지형의 전망과 관련하여 우려스러운 점이다. 하지만 이러한 지표가 우리 사회 보수화의 징표인 것처럼 말하는 것은 지나친 주장이다. 일반 대중들이 대통합민주신당이 아니라 한나라당을 선택한 의미는 무엇일까? 신자유주의라는 이념과 프레임이 압도하는 현실 속에서 대중들이 보고 겪으며 확인한 것은 노무현의 '좌파 신자유주의'가 사회양극화 해소에 실패했다는 사실이었다. 더욱이 민주노동당으로 대표되는 진보 정치세력은 '포장된 개혁세력'과 구별되는 뚜렷한 자기 정체성과 대안을 보여주지 못했다. 이런 상황에서 대중들은 '높은 경제성장과 일자리 창출'을 약속하는 신자유주의 정치세력들의 정치 선동에 자신의 미래를 내맡겼던 것이다. 다시 말해서 이번 대선에서 신자유주의는 유권자들의 선택을 가름하는 정치적 대립 전선으로 부각되지도 못했던 것이다. 신자유주의와 관련해서만 본다면 '개혁을 참칭한' 신자유주의 세력에서 '더 확실한' 신자유주의 세력으로 정권이 이동되었을 뿐이다.

　설문조사 방식의 함정도 있다. 응답자의 주관적인 판단에 따라 진보와 보수, 중도를 가르는 것이 도대체 얼마만큼의 의미를 지니고 있을까. 진보층의 축소와 보수층의 확산을 뒷받침하는 각종 여론조사 결과는 사실 따지고 보면 우리 사회의 보수와 진보, 중도라는 내용이 매우 모호하고, 각 영역 사이의 이동도 자유롭다는 것이다. 이는 대중이 무지한 탓이 아니다. 이념과 노선에 따른 정당 정치가 미성숙한 한국의 정치 현실을 반영하는 현상이다.

이번 대선 결과와 관련하여 우리가 좀 더 눈여겨 보아야 할 지점은 다른 데 있다. 이른바 '계급투표'의 수준에 관한 것이다. '좌파' 정치세력의 득표율은 민주노동당과 사회당의 득표율을 다 합쳐도 3.08%에 지나지 않는다. 노동자 밀집지역을 보아도 마찬가지다. 권영길 후보는 이번 대선에서 울산 8.4%, 창원 7.94%를 득표했다. 2002년 대선에서 거둔 울산 11.32%, 창원 9.18%의 지지율과 비교하면 확실히 후퇴한 것이다. 민주노총은 2002년 대선에서 조합원들이 권영길 후보에게 던진 표를 가족 표와 합쳐서 60만 표 정도로 추산한 적이 있다. 이번은 과연 어떨까? 아직 이에 대한 조사결과는 없지만, 전체 득표 현황이나 선거 전후의 현장 분위기로 봐서 5년 전보다 떨어진 것으로 감지된다.

이에 반해 부자들이 산다는 서울 강남권은 이명박에 대한 표 쏠림 현상이 두드러진다. 강남구 66.4%, 서초구 64.4%, 송파구 57.7%, 강동구 56.0%로 서울의 평균 득표율 53.3%보다 높게 나타났다. 얼마 전 서울에 사는 어떤 이로부터 대선 당일 압구정동 주민들이 손가락 두 개를 치켜들고 눈인사를 주고받으며 투표하더라는 이야기를 듣고 전율을 느낀 적이 있다.

우리가 진정 뼈아프게 짚어야 할 지점은 여기에 있다. 우리는 지금 민주노동당의 전체 득표율이 낮은 것에 실망할 여유가 없다. 한국 사회의 보수화를 걱정할 계제는 더더욱 아니다. 그보다는 고정 지지 기반이 취약한 것, 노동자 민중의 계급투표가 부자들의 계급투표와 견주어 너무도 초라한 수준에 머무르고 있다는 것이 더 큰 문제이다.

김정호

부자들의 계급투표와 대비되는 노동자 계급투표

민주노총은 민주노동당의 핵심 기반으로 그동안 민주노동당을 배타적으로 지지해왔다. 민주노총 조합원 당원 수만 해도 크게 늘어 약 3만 5천 명에 달한다. 그동안 계급투표를 가로막아왔던 분단 이데올로기와 지역주의, 사표 심리도 크게 약화되었다. 민주노총은 민주노동당에 대한 배타적인 지지 운동을 벌였다. 그런 점에서 이번 대선은 그 어느 때보다도 노동자들이 자신의 정치적 이익을 대변하는 정당을 선호하는 계급투표를 실현할 수 있는 좋은 환경이었던 것이다.

그렇다면 결과가 이렇듯 참담하게 나온 까닭은 무엇일까? 먼저, 민주노동당이 안고 있는 문제가 있다. 후보의 한계와 정책 공약의 문제를 제쳐두더라도 민주노동당은 이번 대선에서 ‘노동당’ 으로서의 자기 정체성을 제대로 보여주지 못했다. 이런 문제들을 여기서 세세하게 짚을 여유는 없거니와 그럴 필요도 없다. 한국노총에 대한 사과 공문 파동 하나만 보아도 알 수 있기 때문이다. 한국노총은 자본 · 정권과 결탁하여 비정규직 악법과 로드맵을 통과시킴으로써 노동계급의 대의를 배반한 조직이었다. 뿐만 아니라 이번 대선에서도 ‘정책 연대’ 라는 허울 아래 노골적으로 이명박 지지 운동을 벌였다. 그런 한국노총과 정책 연대를 하고 싶은 미련을 버리지 못하고 사과 공문을 보낸 것은 표를 구걸하는 행위와 다를 바 없었다. 당 안팎의 반발에 부딪쳐 사과 공문을 철회하긴 했지만, 이미 엎질러진 물이었다.

민주노동당이 민주노총 조합원을 대상으로 벌이는 선거운동 방식에도 문제가 많다. 가장 큰 문제는 정치활동의 관점이 ‘대리주의’ 에서 벗어나지 못한다는 점이다. 선거 때만 되면 후보자나 당직자들이 조합원들을 찾아 현장을 돌고 정치 교육을 하지만 그 틀은 보수정당의 그것과 별로 차이가 없었다. 계급 투표를 호소하지만, '계급' 보다는 '투표' 에 방점이 찍혀 있다. 다시 말해서 노동자가 스스로 정치의 주체로 나서야 된다는 인식을 높이는 것이 아니라 표를 몰아주고 돈을 모아주면 노동자의 이익을 대변하겠다는 식이다. 장밋빛 공약과 낙관적 전망을 제시하며 분위기를 모을 뿐 민주노동당의 현실과 문제점에 대해 제대로 알려주거나 반성하는 모습을 본 적이 없다. 한 마디로 조합원을 대상화시킨다. 노동자를 정치의 주체가 아니라 객체로 전락시키는 것이다. 민주노동당은 노동자 계급을 '대표' 하는 정당인가, 아니면 '대신' 하는 정당인가? 이 점에 대한 성찰이 필요하다.

뿐만 아니라 민주노동당의 노동정치는 민주노총이라는 틀을 뛰어넘지 못했다. 모든 활동이 민주노총에 의존하는 방식으로 진행되었다. 중앙당도 그랬지만, 지역의 당 조직도 마찬가지였다. 비정규직을 포함한 미조직 노동자들에게 직접 다가가 소통하려는 노력은 부족했다.

이쯤에서 내 얼굴에 침 뱉는 이야기 한 토막 하고 넘어가자. 지난해 초였던가, 지역의 당 간부로부터 전화를 받은 적이 있다. 내가 일하는 곳이 어디냐고 묻기에 노동사회교육원이라고 했더니, 무슨 일을 하는 곳이냐고 되물었다. 노조 활동가들을 대상으로 체계적인 노동교육을 하는 단체라고 말했더니, "좋은 일 하시네요" 라는 답이 돌아왔다. 전화를 끊고 나서 한동안 멍한 기분이 들었다. 지역의 당 간부가 8년을 넘게 지역에서 함께 활동하는 노동단체의 이름조차 모른다는 것은 납득하기 어려웠다. 비약이라고 할지 모르겠지만, 나는 이

김 정 호

것만 해도 민주노동당의 간부들이 노동에 대한 이해가 부족하다는 사례로 충분하다고 생각한다. 민주노총과 같은 '제도권'은 아니지만 가까이에 있는 '우군' 조차 포괄하지 못하는 활동으로 어찌 비정규직이나 미조직 노동자들에게 다가설 수 있는 활동을 할 수 있을까.

실리에 매몰된 노조활동

다음으로 노동조합 활동에 대해 짚어보자. 이른바 민주노조의 조합원들조차 '계급적 정체성'이 취약한 것은 민주노조운동의 주체가 대공장 정규직 중심이고, 그 활동의 내용 또한 '실리주의'에 매몰된 탓이 크다.

90년대 중반 이후 자본은 신자유주의적 구조조정과 노동 유연화 공세를 통해 고용불안과 노동자 내부 경쟁(정규직 :비정규직)을 제도화했고, 이로 인해 노동자 계급 내부의 분절화와 개별화가 심해졌다. 특히 IMF경제위기 이후 노동조합은 구조조정에 맞서 기업별 차원에서 고용안정 투쟁을 전개했으나 판판히 깨졌다. 그 결과 조합원들의 '눈치보기'와 개인주의적 가치관은 강화되었다. "노조건 회사건 믿을 수 없다. 붙어 있을 동안 한 푼이라도 더 벌자"는 정서가 현장을 지배하고 있다.

이처럼 노동을 둘러싼 환경은 급격히 변화했고, 노동자들의 요구도 다양해졌으나 노조활동은 이에 대해 적극적으로 개입하지 못했다. 그 결과 기업별 고용안정과 임단투 중심의 실리주의적인 활동에 계속

머물렀다. 특히 민주노조운동이 합법화되고 제도화되면서 조합원이 직접 참여하는 일상 활동이나 투쟁, 연대활동은 현격하게 줄어들었다. 조합원의 직접적인 참여가 사라진 노동조합 공간은 노조 간부들에 의한 실리경쟁과 패권 싸움으로 대체되는 양상이 나타났다. 2006년 대기업노조들의 산별전환을 계기로 산별노조운동이 대세로 자리잡고 있지만 내용적으로는 기업별노조 체계의 그것과 크게 달라지지 못했다. 이에 따라 산별노조의 요구나 방침과는 달리 단위 사업장 조직에 이르면 여전히 실리주의적 노조활동에 매몰되어 있는 실정이다. 게다가 자본의 지배력은 사업장 안에만 한정되지 않는다. 일상생활, 소비, 문화 등 전방위로 침투하고 있다. 그 결과 정규직 노조의 간부와 열성 조합원들조차 경륜이나 주식투기, 노래주점 등 개인주의적인 생활양식과 대중 소비문화에 매몰되어 있는 게 우리의 현실이다. 이러한 현실은 실리주의적 노조활동과 맞물려 노동자들의 계급적 정체성을 거세시키고 있다. 많은 노동자들이 정치경제적으로 뿐만 아니라 정신적으로도 자본의 논리와 이데올로기에 지배당하고 있기 때문이다.

창원의 한 금속노조 지회에서는 지회장 선거 공약으로 '토요일 특근 자율화'가 등장하기도 하였다. 잔업, 특근에 매달리는 조합원들의 실리적 요구에 편승한 공약이다. 또 다른 지회는 단협에 '신규 채용시 정년퇴직 조합원 자녀 우선 채용' 조항을 확보하기도 했다. 정규직 '신분'의 세습이라고 하면 지나친 말이 될까. 어쨌든 사회적 차원의 고용안정을 추구하는 산별노조운동의 활동 방식과는 한참 거리가 먼 모습이다.

금속노조 현대자동차지부의 2006년 임단협 결과도 실리주의적

                                              김 정 호

운동의 실상을 잘 보여주는 사례이다. 많은 사람들이 알고 있듯이 현대자동차지부는 금속노조의 투쟁 방침에서 '예외'를 인정받아 자체적인 일정에 따라 교섭을 진행했다. 그 결과는 '무쟁의'와 '돈 잔치'의 맞교환이었다. 회사측은 무쟁의를 통해 회사에 우호적인 여론을 조성함으로써 정몽구 회장을 석방시키는 데 성공하기도 했다. 노조가 무쟁의를 절실히 필요로 하는 회사의 사정을 몰랐을 리 없을 터이니, 참으로 이심전심의 교묘한 '담합'이 아닐 수 없다. 생각해볼 문제는 또 있다. 타결금 · 성과급과 별개로 조합원들에게 돌아간 30주의 주식은 단지 200여 만 원 정도의 화폐가치에 그치는 것일까. 조합원들의 의식을 마비하는 '마취제'의 기능은 정녕 없는 것일까.

군대보다 못한 정체성

지난 해 8월 기아차 정규직 노동자들이 비정규직 파업농성 진압에서 보여준 모습은 대기업 정규직 노동자들의 의식 상태를 더욱 극명하게 보여준다. 구사대 중에는 '특전사 전우회'란 동우회가 앞장서서 비정규직들에게 폭력을 휘둘렀다고 한다. 군대시절에 형성된 정체성은 제대한 지 십 수 년이 지나도 남는데 민주노조운동 20년 동안 쌓인 계급적 정체성은 왜 이렇듯 '모래성'일까 싶은 생각이 들었다.

민주노조운동의 실리주의적 노조활동은 비정규직 노동자들에게도 영향을 미쳤던 것으로 보인다. 현장에서 흘러나온 이야기로는 비정규직 노동자들이 민주노동당에 대해 반감을 가졌던 이유 중에는

'민주노총당'의 이미지가 상당히 작용했던 것으로 확인된다. 때리는 시어미보다 말리는 시누이가 밉다고, 비정규직의 처지에서는 자신들의 일자리와 성과급 따먹기에만 여념이 없는 정규직 조합원들이 밉고, 그 연장선에서 민주노총 · 민주노동당도 못마땅하다.

민주노총 일각에서는 민주노총 조합원들의 계급투표가 실패한 주요 원인으로 민중참여경선제의 무산을 들고 있다. 과연 그럴까? MBC의 대선 출구조사에 따르면 민주노동당 지지층의 42.8%만이 권영길 후보를 지지했고, 22.8%는 문국현 후보, 10.2%는 정동영 후보에게 투표한 것으로 나타났다. 이는 무엇을 말하는가? 설사 민중경선제가 실시되었다 하더라도 민중경선과정에서 권영길 후보를 찍지 않은 대중들의 표는 이탈할 가능성이 컸다는 것을 시사하는 것이다.

대선 참패는 선거기간의 활동에서만 비롯된 것이 아니다. 제대로 된 평가를 위해서는 선거기간 이전의 일상활동에 대해서도 성찰해야 한다. 그런 점에서 민주노동당의 조합주의적이고 대리주의적인 정치활동, 그리고 민주노조운동에 만연해 있는 실리주의적 노조활동에 대한 뼈아픈 반성이 요구된다.

새로운 시작을 위한 모색

이제, '민주노조운동'이란 틀로는 더 이상 노동운동의 발전을 기약할 수 없다. 정규직 조합원만 챙기는 노동운동이 아니라 비정규직, 여성, 이주노동자 등 더 어려운 조건과 함께 하는 계급적 노동운동, 그리고 이와 더불어 우리 사회의 약자들과 함께 하는 사회연대적 노

                                          김 정 호

동운동으로 거듭나야 한다. 노동운동의 방향 전환을 위해서는 노조 활동의 구체적인 내용과 방식도 변화해야 한다. 여기서는 노동조합의 의식화 활동에 대해서만 몇 가지 짚어보자.

먼저, 자본의 이데올로기 공세에 맞서 계급적 정체성과 대항이데올로기를 강화 · 확대하기 위해서는 기업별 임단협과 현안문제 중심에서 벗어나 계급적 요구와 사회적 의제들로 의식화 내용의 폭을 확대해야 한다. 예컨대 '입시폐지 대학평준화'를 중심으로 한 교육운동의 전망은 정규직 조합원들에게도 매우 호소력이 있고, 따라서 노조활동의 폭을 확장할 수 있는 파급력이 크다. 이와 더불어 조합원들에게 자신이 누구이고, 어떻게 살 것인가를 고민할 수 있도록 계기를 만들어주는 것이 중요하다. 그런 점에서 올바른 세계관과 가치관, 인생관 정립에 필요한 철학 교육이 강화될 필요가 있다.

노동조합운동의 변혁지향성을 강화하는 것도 절실한 과제이다. 자본주의에 대한 근본적인 성찰과 비판을 바탕으로 반(反)자본의 요구와 지향을 강화해야 한다. 노조간부나 조합원들의 일반적인 의식과 정서를 보면 신자유주의에 대해서는 반대한다지만 우리 사회를 지배하고 있는 물신주의에 대한 긴장은 높지 않다. '세상을 바꾸자'는 구호는 보편화되었지만, 그 진정성은 잘 느껴지지 않을 때가 많다. 뿐만 아니라 '어떠한 세상으로' 바꿀 것인지도 모호하다. 그래서 노동운동의 목표와 지향점에 대한 공유도 잘 이루어지지 않고 있다. 이제 노동해방, 인간해방의 지향을 분명히 하면서 대안사회의 상과 그 건설방도에 대해서도 대중과 더불어 공부하고 토론해야 한다.

의식화 활동의 방법도 혁신되어야 한다. 간부 위주의 활동이 아니라 조합원이 주체가 되는 노조활동이 되기 위해서는 쌍방향의 사업이 활성화되어야 한다. 정보 통신 수단은 아주 빠르게 발전하고 있지만 의사소통의 통로는 좁아지고 있다. '풍요 속의 빈곤' 이라고 해도 지나치지 않다. 간부와 조합원, 그리고 조합원 간에 의사소통이 활발하게 이루어질 수 있는 체계를 만들어야 한다. 이를 위해서는 무엇보다도 '현장 토론' 을 복원하는 것이 절실한 과제이다. 사업장마다 부서마다 차이가 있겠지만 가능한 데서부터 모범을 만들어내고, 확산시켜야 할 것이다. 나아가 현장 여건에 맞게 대의원이나 소위원이 주도하는 모임을 정례화하여 현장 활동의 기초 단위를 튼튼하게 구축해야 할 것이다. 아울러 현장순회나 간담회, 교육, 체육대회 등 각종 일상활동도 조합원에게만 한정된 활동이 아니라 비정규직까지 포괄하는 활동이 되도록 폭을 넓혀야 한다.

다음으로 활동 공간을 사업장 울타리를 뛰어넘어 지역으로 확장시키는 것이 중요하다. 노조활동이 사업장 안에 한정되면 기업의 현안 문제에 초점이 맞추어질 수밖에 없다. 계급적 사회적 연대를 실현할 수 있는 일차 공간은 지역이다. 산별시대 노조활동의 거점은 지역이 되어야 하며, 이를 위해서는 노조 일상활동 단위도 사업장을 벗어나 지역으로 확장되어야 한다. 지역조직이 중심이 되어 간부들 간의 교류와 연대를 강화하고 지역 차원의 공동 교육, 토론회, 노보 발간, 문화 활동을 활성화하는 방향으로 가야 한다. 활동 범위가 지역으로 확장되면 진보정당, 시민 사회단체와 협력해서 다양한 틀의 '공동체 운동' 도 기획할 수 있을 것이다. 여기서 중요한 것은 집회 때 연대사 주고받는 식의 형식적 연대, 상층 중심의 연대 틀을 벗어나 아래로부터 이루어

김 정 호

지는 연대, 내용을 중심으로 한 실질적 연대를 활성화시키는 일이다.

이명박 정권의 국정운영 방향은 이미 예고되었다. 새 정권은 시장 지상주의 이념 아래 신자유주의 정책에 가속도를 붙일 것이다. '시장 자율'이라는 이름 아래 기업 · 금융 규제를 대폭 완화할 것이고, 교육에도 시장 원리가 강화될 것이다. 노동에 대해서는 '일자리 창출'이란 허울 아래 노동시장 유연화 정책을 강화할 것이며, 법과 기초질서 확립이라는 명분을 앞세워 노동운동에 대한 탄압의 강도를 높일 것이다. 특히 한국노총이 이명박 정권의 품안으로 들어간 상황에서 민주노총에 대한 고립 · 포위 정책이 예상된다. '경제 살리기'를 앞세운 노사협조적 이데올로기 공세도 거세어질 것이다.

따라서 노동운동진영은 대선에서 얻은 높은 지지율을 바탕으로 펼쳐지는 이명박 정부의 신자유주의 공세 앞에서 상당 기간 고전을 면치 못할 수도 있다. 더욱이 집권 초반기에는 '서민 생활비 절감'이라는 당근도 일정 부분 '약발'을 발휘할 것이라는 점에서 더욱 그렇다. 이명박은 시장의 요구를 최대한 수용하되, 약자에 대한 배려와 공익적 장치를 보완하겠다고 하지만 두 가지 흐름이 충돌할 때 어느 쪽을 포기할 것인지는 불을 보듯 뻔하다. 결국 집권 중후반기로 접어들수록 정권과 민중들 사이의 충돌은 잦아질 것이고 대립은 더 깊어질 가능성이 크다.

노동운동이 새로운 국면 속에서 자기를 방어하고, 뒤이어 예상되는 공세기에 대비하기 위해서는 전열을 새롭게 정비해야 한다. 그러기 위해서는 노동자 대중의 계급적 정체성과 변혁지향성을 강화하는 의식화 활동이 무엇보다도 중요하다.

김주완

전 전국언론노조 경남도민일보 지부 위원장, 부산·울산·경남언론노조협의회 의장을 지냈고 현재 경남도민일보 시민사회부장, 자치행정부장이다. 저서로 『대한민국 지역신문 기자로 살아가기』『토호세력의 뿌리』『마산 창원 역사읽기』 등이 있다.

'잡탕' 개혁세력과 선을 긋고
'실력' 을 키우자

촌 신문 기자의 눈으로 본 노무현 정권과 진보세력

● 김주완 ● 경남도민일보 자치행정부장

들어가며

나는 촌놈이다. 고로 지역의 한계를 벗어날 수 없다. 또한 나는 촌 신문의 기자일 뿐 사회학자나 정치학자가 아니다. 고로 사회현상이나 정치현실을 과학적으로 분석할 능력이 없다. 기자는 관찰자일 뿐이다. 경우에 따라 경험자일 수도 있다. 그 경험과 관찰에 의해 이글을 쓴다.

기자는 직업특성상 별의별 사람을 다 만나야 한다. 개인의 호불호나 정치적 성향에 따라 사람을 가려 만날 수 없다는 말이다. 극우에서 극좌는 물론 온갖 기회주의자와 사기꾼까지 만나게 되는 직업이 기자다.

기자는 또한 자신의 정치적 당파성을 드러내서는 안 되는 직업이다. 고정된 이미지로 낙인이 찍히면 입장이 다른 취재원들에게는 접근 자체가 어려울 수 있기 때문이다. 그래서 기자들은, 진보주의자 앞에서는 자기도 진보인 척, 보수주의자 앞에서는 자기도 보수인 척, 끊임없이 자신의 이미지를 위장할 수밖에 없다. 그러면서 객관적인 관찰자임을 내세운다.

그러나 그것도 한계가 있다. 일선 취재기자의 단계를 넘어 칼럼을 써야 하는 데스크급 간부가 되면 결국 자신의 목소리를 낼 수밖에 없고, 그러면 자연히 정치적 성향도 드러날 수밖에 없다. 특히 나는 취재기자에 이어 노조위원장과 지역언노협(부산·울산·경남언론노조협의회) 의장을 거치면서 2004년 총선 때 민주노동당 창원을 권영길 후보 선대본 공동본부장을 맡은 적이 있다. 그러다 보니 좁은 지역사회에서 김주완이가 민주노동당 지지자라는 것쯤은 웬만한 사람은 다 안다. 이후 데스크를 맡아 지금까지 써온 칼럼에서도 그런 성향이 드러나버렸다. 기자로선 참 불행한 일이지만 자업자득이다.

다만 진보진영 내부의 정파싸움에는 거리를 두려고 노력하고 있다. 내가 정치인이나 정당인도 아닌데 거기에서까지 낙인이 찍혀버린다면 더 이상 기자노릇을 하기 어렵다는 생각 때문이다.

이 글에서도 정파적 입장에서 벗어나 다양한 사람들을 만나는 기자의 입장을 견지하려 한다. 즉 '서울공화국'으로 불리는 한국사회에서 또 다른 사회적 약자일 수밖에 없는 '지역'의 언론노동자이자 약간 진보적인 성향을 가진 기자의 시각쯤으로 봐주면 되겠다.

김 주 완

노무현 정권의 실패한 '영남 보수세력 끌어안기'

'지방자치' 와 '지방분권' 에 관한 한 나는 노무현 정권이 역대 어느 정권에 비해 가장 강렬한 의지와 올바른 시각을 갖고 있었다고 평가한다. 지방의원 유급제와 주민투표제·주민소환제가 노 정권 들어 도입됐다. 서울과 그 외 지역의 지역 간 격차 해소를 위해 장관급 위원장인 국가균형발전위원회를 만들었고, 균형발전특별법도 제정했다. 그 결과 정부투자기관과 공기업의 지방 이전이 이뤄지고 있으며, 행정중심복합도시도 추진 중이다. 균형발전위원회가 추진해온 '살기 좋은 지역 만들기' 같은 사업도 성과 여부는 따로 평가해봐야 하겠지만 취지는 참 좋았다. 지역 언론을 육성하고 여론다양성 보장을 위한 지역신문발전지원법도 제정됐다.

특히 공공기관 지방이전을 통한 혁신도시 건설은 그 장·단점과 효과를 떠나 지역민의 입장에서 노무현 정권의 큰 업적이다. 이건 민주노동당이 집권했다 하더라도 추진하지 못했을 일일뿐 아니라 생각조차 하지 않았을 거라고 본다. 실제로 2002년 대선 때 나는 직접 대선후보들을 취재하는 일을 했고, 이번 2007년 대선 때는 담당 데스크를 하면서 각 후보들의 지방자치·지방분권 정책을 눈여겨봤다. 민주노동당은 이 분야에 관한 한 꼴찌였을 뿐 아니라, 아예 '지방' 에 대한 정책 자체가 없었다.

중국의 후진타오도 작년 10월 중국공산당 제17차 전대를 통해 그 동안 개혁·개방과 성장 위주의 정책에서 나타난 3대 격차를 해소하겠다면서 '지역 간 격차' , '도농 간 격차' , '빈부 격차' 를 꼽았다. 그런데 한국의 진보정당에는 '지역 간 격차' 에 대한 인식 자체가 없다는 걸 어떻게 봐야 할까.

노무현 대통령은 단순히 중앙에 집중된 돈과 권한을 지방에 이양하는 것만으로 지방자치와 분권이 완성되는 게 아니라는 것도 알고는 있었던 것 같다. 그런 분권은 토호 및 기득권세력과 결탁한 단체장의 권한만 키워줄 뿐이다. 따라서 지역 내부의 민주주의는 오히려 퇴보할 수도 있다. 아마 그래서 노 정권은 지역 내부의 민주적 역량을 기르라는 차원에서 '지역혁신협의회' 를 광역시·도와 시·군·구에 만들었던 것 같다.

그러나 이건 순진한 생각이었다. 지역 시민운동의 역량을 과대평가했고, 지역 기득권세력의 힘을 과소평가했던 것이다. 노 정권은 지역혁신협의회에 개혁적인 인물들을 적당히 섞어놓으면 기존 토호들도 정권을 따라오리라 생각했던 것 같다. 물론 그것은 오판이었다. 오히려 거기에 들어간 개혁인사들의 이미지만 구겨졌을 뿐 지역사회가 바뀐 건 없었다.

그도 그럴 것이 이 기구 자체가 '옥상옥' 의 성격이 짙었던 데다 실질적인 권한이 별로 없었기 때문이다. 지역혁신협의회는 참여정부의 제1모토인 '균형발전' 을 실천에 옮길 지역 조직으로, 2003년 초안을 만들어 전국에 설치하도록 한 위원회다. 정부는 같은 해 12월 균형발전특별법을 만들어 균특회계로 진행되는 각종 사업을 심의·조정하도록 지역혁신협의회를 설립하도록 했다. 단, 광역자치단체는 법적 기구, 시·군·구는 임의 기구임을 명시했다.[1]

그러나 위원 선임권이 거의 자치단체장에게 있었고 시·군·구

김주완

의 경우 임의기구인데다, 균특회계로 중앙정부가 지원하는 사업에 대한 심의·조정권이 있었지만 지방의회와의 관계도 불분명했다. 그러다 보니 결국 노무현 정권에 의해 '실패한 국민운동'으로 규정돼 폐지된 김대중 정권의 '제2건국위원회'와 별로 다를 게 없는 기구가 돼버렸다. 토호와 적당히 개혁적인 인물이 뒤섞인 이상한 기구로 전락해버린 것이다.

사실 나는 지역의 개혁적인 사람들이 모여 중앙에서 돈을 지원해주는 '살기 좋은 지역만들기'나 '신활력사업'에 대한 아이디어를 짜내는 일에 앞서 토호세력의 집결지가 돼 있는 관변단체(새마을·바르게살기·자유총연맹·예총 등)부터 없애야 한다고 주장해왔다. 이미 있는 단체를 강제로 없애기 어렵다면 그들 단체에 대한 지원·육성법을 폐지하고 예산지원만 끊어버려도 된다.

그런데 노무현 정권이 그걸 못한 것은 토호세력에 대한 '배제'보다는 도리어 그들을 '포섭'하려는 전략기조를 썼기 때문이라고 본다. 이것은 앞선 김대중 정권도 똑같았다. '동진정책'으로 영남 보수세력에 끊임없이 추파를 보냈던 것이나, '제2건국위원회'를 통해 토호세력을 끌어안으려 했던 것은 전형적인 '포섭전략'이다. 김대중 정권은 5년 내내 그런 짝사랑을 보냈지만, 정권 말기가 되자 '제2건국위원회'에 위원으로 있던 사람들은 물론 새천년민주당에 주요직책을 맡고 있던 사람들까지 앞 다퉈 뛰쳐나가 한나라당 이회창에게 줄을 섰던 것은 잘 알려진 사실이다.

---

1 진영원, 지역혁신협의회를 진단한다, 〈경남도민일보〉, 2007년 5월 15일자

그럼에도 노무현 정권은 그걸 그대로 답습했다. 심지어 정권 초기 당연히 했어야 할 '토착비리 사정'도 생략해버렸다. 취임하자마다 '검사와의 대화'니 뭐니 하면서 스스로 권력을 놓아버렸기 때문에 어쩔 수 없는 측면도 있었지만, 노무현 스스로 토착비리 사정에 대한 의지도 없었던 것 같다. 그가 대통령 예비후보이던 2001년 봄 나는 노무현 해양수산부장관을 인터뷰한 적이 있다. 그때 이렇게 물어봤다.

"현 정부(DJ정권)가 나름대로 개혁을 추진해왔다지만 지역 토착비리에 대한 사정작업은 오히려 YS정권보다 못하다는 지적도 있는데, 어떻게 생각하나."

대답은 이랬다.

"모든 개혁에는 저항이 따르게 마련이다. 한꺼번에 모든 부문을 개혁하려 하면 사회 전반이 저항국면이 될 수 있다."[2]

이처럼 그는 '사회전반의 저항국면'이 두려웠던 것이다. 이러한 그의 소심한 성격이 토착비리 사정을 생략하고 관변단체 지원중단도 못한 근본 이유였다.

특히 그는 '호남 출신'이었던 김대중 정권의 '영남 보수세력 포섭 전략'은 실패했지만, 자신은 '영남 대통령'이기 때문에 성공하리라 착각했던 것 같다. 이런 착각은 한나라당 소속 김혁규 경남도지사와 자민련 출신 정해주 진주산업대 총장 등의 영입에 공을 들이는 모습으로 나타났다. 김혁규를 따라 장인태 부지사 · 최철국 경남도 국

                                                          김 주 완

장·김맹곤 경남개발공사 사장·공민배 전 창원시장·조영파 마산 부시장 등 기존 한나라당 성향의 관료들도 우르르 열린우리당으로 들어갔다.(부산에서도 그런 사람들이 있었겠지만 면면은 잘 모르겠다.)

노무현 정권의 이런 '포섭' 정책은 한나라당에 대한 대연정 제안으로 절정을 이뤘다. 사실 대연정 제안도 어느 날 갑자기 나온 게 아니라 그의 오랜 소신에서 말미암은 것이다. 앞의 인터뷰에서 노무현은 이런 말도 했었다.

"동서통합을 위한 전략이 필요하다. 단순한 정책이 아닌 뭔가 계기를 만들고 전략을 펴야 한다. 그동안 민주화를 위해 애써온 세력들이 모두 지역구도 속에서 해소되고 분열돼왔다. 이들을 다시 통합해내는 그런 전략이 필요하다는 거다. 말하자면 민주세력 복원 같은 거다. 이들 정치세력이 정계 대개편을 통해 전국정당을 만들어야 한다. 이를 통해 차기 대선만큼은 동서대결구도가 안 되도록 노력해나가야 한다."

인용한 그의 답변에서 '차기 대선'이란 물론 2007년 대선을 가리키는 말이다. 대통령이 되기 전부터 2007년 대선에서는 동서대결구도가 안 되도록 '민주세력 복원'과 '정계 대개편을 통한 전국정당'을 만들어야 한다는 소신을 갖고 있던 그에게 대통령이 된 후 한나라당과 대연정 제안은 자연스러운 것이었다.

그러나 노무현 정권의 이런 기대는 여지없이 빗나갔다. 대연정은 보기 좋게 거부됐고, 노무현에게 포섭된 듯이 보였던 이들도 김대중 정권 말기의 기회주의자들과 똑같은 행보를 보이고 있다. 김혁규는

이회창의 품으로 돌아갔고, 장인태·조영파는 한나라당으로 들어갔
다. 정해주는 한국우주항공 사장, 공민배는 대한지적공사 사장이라
는 현직에 있지만 앞으로 행보는 뻔하다.

결국 노무현의 잘못된 '영남 보수세력 포섭전략'은 △토착비리
사정 생략 △관변단체 지원 계속 △지역혁신협의회를 통한 개혁·보
수 뒤섞기 △영남 보수정치인 영입 △대연정 제안 등으로 나타났다.
한미 FTA 추진이나 삼성 등 재벌에 대한 관대한 태도 또한 노무현의
이런 전략기조에서 말미암은 것이다.

특히 지역에서 아쉬운 것은 관변단체 지원 중단을 하지 않은 것이
다. 이미 비대해질 대로 비대해진 이들 관변단체는 이명박 정권 하에
서 토호세력과 자치단체장-보수정치인의 연결고리로 막강한 힘을 발
휘하게 될 것이다.

앞서 나는 공공기관 지방이전을 통한 혁신도시 건설은 노무현 정
권의 큰 업적이라고 했다. 부산과 경남에 걸쳐 조성된 부산신항도 김
대중·노무현 정권이 부산·경남에 준 큰 선물이다. 그렇다면 왜 지
역사람들이 노무현 정권에 고마워하거나 지지하지 않을까. 바로 이
지점에서 한나라당 정치인들의 '역량(?)'이 나타난다. 교묘하게 지역
민 간 싸움을 붙여 정권에 규탄의 화살을 돌렸던 것이다.

2006년 지방선거를 5개월여 앞둔 2005년 12월 23일 마산 종합운
동장에서는 3만 명의 군중이 모여 노무현 정권을 규탄하는 집회를
열었다. 이름 하여 '신항 명칭 무효 경남도민 총궐기대회'였다. 이
집회에서는 '참여정부'라고 쓰인 허수아비 화형식까지 벌어졌다. 신
항의 명칭을 '부산신항'이 아닌 '부산·진해신항'으로 해야 한다는

김 주 완

것이었다. 지방선거를 앞두고 3만 명의 군중을 모아놓고 한나라당 단체장들과 국회의원이 소리 높여 참여정부를 규탄하는 집회는 선거전략으로서도 효과 만점이었다. 이 집회에 3만 명의 군중을 동원할 수 있었던 것은 바로 관변단체의 힘이었다. 이처럼 노무현 정권은 지방에 큰 선물을 주고 관변단체를 포섭하려 했지만, 오히려 관변단체들로부터 '규탄'을 당했던 바보 같은 정권이었다.

재미를 붙인 김태호 경남도지사는 혁신도시 위치선정에서도 한 곳만 해야 한다는 정부의 지침을 무시하고 마산과 진주 두 곳을 선정, 두 도시 간 싸움을 붙였다. 그리고 두 곳에 혁신도시 건설을 못하게 하는 참여정부에 모든 책임을 돌렸다. 그때도 마산의 관변단체들은 연일 서울에 올라가 참여정부를 규탄했다. 노무현 정권이 딱 부러지게 한 곳의 편을 들 수 없는 난처함을 적절히 이용한 전략이었다.

이처럼 노무현 정권이 나름대로 지역균형발전정책을 하고도 지역에서도 철저하게 외면을 받았던 건 앞서 말한 어설픈 '보수세력 껴안기' 때문이었다. 자신을 뽑아준 지지자들의 기대와 정반대 방향으로 간 것이다. 그런 차원에서 이번 대선에 대한 최장집의 다음과 같은 평가에 동의한다.

"집권파가 민주주의 기본원칙을 준수하지 않은 것에 대한 유권자의 복수라고 본다. 저항투표였다. 2004년 4월 총선은 좋은 기회였다. 그러나 이후 대통령은 자신의 지지세력에 반응하고 거기에 책임을 지기보다는 어떻게 하면 보수세력에 어필하고 끌어안을까에 더 관심을 가졌다. (…) 그렇다고 보수층이 노무현 정부를 지지하느냐, 천만의 말씀이다. 계속 좌파정권이라고 부른다. 그것이 극적으로 나

타났다." [3]

얼치기 개혁세력과 시민단체의 '신관변단체화'

하지만 이런 이유 때문에 노무현 정권이 지지자의 신뢰를 잃었다면 노무현과 잡탕정당이었던 대통합민주신당만 심판받을 일이지, 왜 진보세력까지 덤터기로 심판받았는지를 설명하기는 다소 부족하다. 거기엔 몇 가지 더 이유가 있다.

우선 지난 5년 동안 한국의 개혁·진보세력의 '실력 없음'이 적나라하게 드러났다는 것이다. 탈권위주의를 내세우며 검찰 권력까지 놓아버린 노무현 정권은 유독 공기업과 정부투자기관의 낙하산 인사 권한에 대해서는 임기 말까지 놓지 않았다. 정확하진 않지만 대통령이 임명할 수 있는 자리는 약 2만 개, 그 중에서도 급여가 지급되는 자리도 7,000~8,000개에 이른다고 한다. 이런 자리에 노무현이 영입한 '영남 보수인사' 들은 물론 그에게 줄을 섰던 시민단체 출신 인사 등 소위 개혁세력이 엄청나게 들어갔다.

나는 그들이 그런 자리에서 일을 얼마나 잘했는지에 대해서는 모른다. 다만 진실화해위원회나 친일반민족행위진상규명위원회 등 일부 역사 관련 기구들을 제외하고는 뭔가 의미 있는 일을 해냈거나 변화와 개혁을 이뤄냈다는 말을 들어본 적이 없다. 오히려 공기업 감사

---

3 최장집, "선거결과 반동이라고 여기면 안 된다", 〈시사인〉 2008년 1월 8일자 대담

                                                        김 주 완

들이 무더기로 해외 유람성 세미나로 물의를 빚었던 일이나 한국철
도공사가 KTX 여승무원들을 무더기로 해고시킨 일들은 분명하게 국
민의 뇌리에 박혔다.

나도 국가균형발전위 홍보팀장으로 있던 얼치기 386 운동권 출신
에게 황당한 일을 당했는데, "500만 원을 줄 테니 우리가 요구하는
대로 홍보기사를 써 달라"는 주문이었다. 거절하고 참여정부의 잘못
된 언론홍보방식을 비판하는 기사를 썼더니 그 작자는 "언론홍보 기
법상 일정한 돈을 협찬하고 홍보기사를 부탁하는 일은 일반화된 것"
라고 억지를 썼다.[4]

국민들은 이런 깜냥 안 되는 운동권 출신 인물들이 참여정부의 어
떤 자리에 가 있는지를 안다. 그러나 불행하게도 국민들은 '개혁'과
'진보', '열린우리당(또는 통합신당)'과 '민주노동당'의 차이는 잘
모른다는 것이다. 그냥 '진보·개혁세력'이라는 한 단어로 뭉뚱그려
'그놈이 그놈'으로 생각한다는 것이다.

정권의 품에 들어간 시민운동가들도 그렇지만, 남아 있는 많은 시
민단체들도 김대중·노무현 정권을 거치는 동안 '신(新)관변단체
화'했다. 엄밀히 말하자면 김영삼 정권 때부터 그랬다. 11년 전인
1996년 한 NGO 이론가는 21세기 시민운동을 전망하면서 이런 우려
를 내놓은 바 있다.

"정부와 사회운동이 동일한 목적을 추구하고 사회운동이 합법적
인 방법을 사용하는 경우이다. 이런 상황에서 정부는 사회운동을 지

---

4 김주완, 희한한 언론홍보 기법, 〈경남도민일보〉 2007년 4월 19일자 데스크칼럼

원하고 촉진시키는 방식으로 대응한다. 이 경우에 사회운동단체가 정부로부터 독자성을 유지하지 못하면 관변단체화할 수 있다."[5]

그런 우려가 나온 뒤 김대중 정권 들어 2001년 1월 비영리민간단체지원법이 제정됐다. 이 법의 제정에 앞서 1998년 말 참여연대와 경실련 등 전국 76개 시민단체가 이에 대한 문제점을 제기한 적이 있다. 가장 핵심적인 내용은 이랬다.

"정부가 직접 재정을 지원하는 방식의 제도는 민간단체의 재정자립성을 흔들 우려가 크다. 시민단체의 특성에 따라 많이 다를 수는 있으나 시민사회의 기반이 취약한 우리 현실에서 이 같은 방식의 지원은 정부 지원에 대한 의존성을 심화시킬 것이며 나아가 민간단체의 생명이라 할 수 있는 자율성이 흔들리는 결과를 가져올 것이다. (…) 따라서 이 법에 의한 정부의 직접 재정지원은 민간단체의 활동을 역으로 통제, 위축시킬 가능성이 있다."[6]

그러나 막상 이 법이 시행되자 문제를 제기했던 시민단체들도 저마다 지원신청서를 냈고, 수백만 원에서 수천만 원까지 사업비 지원을 받았다. 이후 그 지원규모는 계속 늘어만 갔고, 심지어 상당수 단체는 아예 정부가 수행해야 할 사업을 위탁받아 인건비 등 경상비까지 지원을 받으면서 활동하고 있다. 시민단체의 변질과 타락은 여기서 그치지 않았다.

노태우 정권 이전까지만 해도 '민주투사' 였던 시민단체의 실무

---

5 정수복, 『참여민주주의를 위한 시민단체의 역할과 정책 과제』, 1996, 박영률출판사, 30쪽
6 김주완, 위기의 시민운동 쟁점점검(1)정부의 자금지원 논란, 〈경남도민일보〉 2000년 12월 14일자

                                                          김 주 완

간사들은 정부와 지방자치단체의 입맛에 맞는 프로젝트 기획자로 변신했다. 새로운 민간단체 지원예산이 편성됐다는 소문이 나돌면 설탕을 본 개미떼처럼 맞춤형 프로젝트가 생산됐다. 예산지원을 노리고 급조된 단체도 줄줄이 생겨났다.

예산을 받아 진행된 사업 중 상당수는 '부실' 혐의가 짙었지만 관리와 감독은 제대로 이뤄지지 않았다. 프로젝트 사업에서 가짜 영수증쯤은 아무렇지도 않은 일이 됐다. 언론도 건물이나 교량, 도로의 부실공사는 곧잘 지적했지만, 시민단체의 '부실프로젝트'와 '예산 떼먹기'는 제대로 짚지 못했다. 취재접근 자체가 어려웠던 탓이다. 시민단체 역시 스스로 불리한 정보에 대해서는 관료조직 이상으로 철벽이었다.

이렇게 많은 시민단체들은 '신관변단체화' 했고, 시민운동가들은 지원금을 따내기 위한 프로젝트 장사꾼이 됐다. 시민단체가 장사가 된다 싶으니 사이비 시민운동가들도 줄을 이어 생겨났다. 과거 민주화운동이나 이후 시민운동에서 검증된 바 없는 교수나 의사, 약사, 변호사들이 시민운동에 줄을 댔다. 시민단체는 그들의 명망이나 재력에 눈이 어두워 각종 위원장이나 본부장, 이사, 위원 직함을 붙여 줬다. 심지어 요즘은 지역개발을 위해 한시적으로 만든 이익단체도 시민단체라는 이름을 쓴다.[7]

일찍이 제임스 페트라스라는 미국의 학자는 시민운동의 문제를 이렇게 지적한 바 있다.

---

7 김주완, 시민단체도 피아(彼我)식별이 급하다, 〈미디어스〉, 2008년 1월 2일자

"NGO는 신자유주의 또는 미국 제국주의로 요약되는 민중억압체제에 정면으로 대항하는 대신 빈민 대상 무료식당을 만드는 식으로 민중을 위로하고 다독거리는 데 역량을 기울였다. 이로써 민중들을 탈 동원화시키고 민중운동을 파편화시킴으로써 그 반대급부로 NGO 사람들이 마침내 정부 산하기관 운영자가 되거나 심지어는 대중적인 영향을 끼칠 수 있는 직위, 예컨대 여성·시민참여·민중권력 같은 분야의 장관으로 기용됐다."[8]

물론 참여연대처럼 아예 정부지원금을 받지 않는다는 걸 명시한 단체도 있지만, 대다수의 시민단체는 페트라스의 말대로 '정부보조기구화' 하고 말았다. 이러니 진보와 개혁을 한 묶음으로 보고 있는 국민들이 어떻게 생각하겠는가.

진보세력의 들통난 '실력 없음'

또한 진보세력 스스로도 얼치기 개혁세력과 차별화를 못했다. 그 또한 실력이 없었기 때문이다. 이에 대해 민주노동당 경남도당 이장규 전 정책위원장이 대선 직후 경남도민일보에 와서 한 말이 있다. 그는 "노무현 정권이 정치와 통일 분야에선 개혁적이었으나, 사회경제적인 부분에선 보수적이었다"고 평가한 후 "민주노동당은 사회경제적인 양극화 문제에서 구 열린우리당과 철저하게 대립각을 세우고

---

8 제임스 페트라스, 'NGO는 없다, 운동귀족이 있을 뿐', 〈월간 말〉 2000년 5월호

                                                        김 주 완

진보적 해결방안을 제시해야 했으나 그러지 못했다"고 진단했다. 특히 그는 열린우리당과 별로 차별적이지도 않은 정치·통일 분야에서 민주노동당이 좀 더 급진적인 입장을 내세우는 바람에 '열린우리당 급진파' 또는 '열린우리당 2중대' 쯤으로 인식돼 정치적 독자성을 확보하지 못함으로써 범여권과 동반 몰락했다고 분석했다.[9]

나는 이 진단에 상당부분 동의한다. 특히 양극화를 이번 대선에서 쟁점으로 삼지 못한 건 전적으로 진보정당의 실력 없음에서 기인한다고 본다.

나는 경제에 대해 잘 모르지만 이명박의 말처럼 '살려야' 할 정도로 우리나라 경제가 죽은 것은 아니라고 본다. 경제부 기자들에게 물어봤더니 지표상으로도 한국 경제는 괜찮은 편이란다. 게다가 올해는 국민소득 2만 달러 시대에 진입한 첫 해이기도 하고, 국가경쟁력도 11위로 껑충 뛰어올랐다고 한다. 그런데 왜 우리 국민들은 이번 대선에서 그토록 '경제 살리기'에 열광했던 것일까.

나는 그 이유를 두 가지쯤으로 본다. 하나는 인간의 끊임없는 욕심이다. 식욕·성욕·수면욕과 같은 인간의 1차적 욕구는 일단 그것이 충족되면 일정 시간이 지날 때까진 다시 발생하지 않는다. 배불리 먹고 난 직후에는 진수성찬을 차려놔도 먹기 싫은 법이다. 그러나 돈과 권력·명예욕 같은 2차적 욕구는 가지면 가진 만큼 기하급수적으로 증대한다. 100만 원을 가지면 1,000만 원을 갖고 싶고, 1억을 가지면 10억을 갖고 싶다는 것이다. 따라서 안빈낙도(安貧樂道)의 수양이

9　김주완, "민주노동당, 양극화 해법제시 못했다", 〈경남도민일보〉 2007년 12월 28일자

되지 않은 대중의 욕구와 그걸 이용해 권력을 잡으려는 정치세력의 이해가 절묘하게 맞아떨어진 결과라고 보는 것이다.

또 하나는 불공평이다. 우리 경제부 기자들은 '양극화의 심화로 중산층 이하 서민층의 삶이 한층 팍팍해졌기 때문' 이라고 말해줬다. 나도 공감한다. '백성은 가난한 데 분노하는 게 아니라, 불공평한 데 분노한다(民은 不患貧이요, 患不均이다)' 는 말도 그런 맥락이다.

그런데 분노의 대상이 빗나가버렸다. 양극화의 문제로 부익부 빈익빈 현상이 가중되었다면 이를 극복하기 위한 분배와 복지를 요구했어야 옳다는 것이다. 그러나 국민은 '경제성장이 되면 내 삶도 함께 나아질 것' 이라고 착각해버렸다. 한나라당과 이명박 후보가 그런 착각을 끊임없이 유도했다. 물론 전체 파이가 커지면 나눠 먹을 게 많아진다는 논리도 전혀 틀린 말은 아니다. 그러나 이미 우리가 가진 파이도 충분히 나눠 먹을 만큼 크다는 걸 알려주는 사람이 없었다. 그걸 잘 나누기만 해도 우리의 삶이 한층 행복해질 수 있다는 걸 아무도 알려주지 않았다.

그 책임은 물론 그런 대안논리를 설득력 있게 전달해주지 못한 진보세력에 있다. 이명박과 한나라당의 단순명쾌한 '선진화론' 을 대체할 수 있는 대안을 민주노동당마저 내놓지 못했던 것이다.[10]

뿐만 아니다. 민주노동당은 자신들이 지향하는 미래사회나 비전이 뭔지도 도통 알리지 않았다. 나처럼 관심이라도 있는 사람은 강령에 '민주적 사회주의' 라는 말이 있다는 것쯤은 알지만, 그게 뭔지를

---

10 김주완, '진보언론' 은 책임 없나, 〈경남도민일보〉 2007년 12월 27일자 데스크칼럼

김 주 완

설명하려는 노력은 전혀 하지 않았다. 엉뚱하게도 '코리아연방공화국' 이라는 미래비전을 들고 나와 내부 싸움을 벌이는 모습만 보여줬다. 또한 신자유주의를 반대한다고만 했지, 그걸 대체하거나 극복할 만한 '주의' 를 내놓지 않았다. 한미 FTA도 반대만 했지, 그걸 하지 않고도 살 수 있다는 비전을 보여주지 않았다.

기호 싸움에서도 졌다. 대부분의 사람은 신자유주의의 정치 · 경제적 의미를 정확히 이해하지 못한다. 그런 사람들이 볼 때 '새로움' 과 '자유' 라는 그토록 좋은 말을 왜 반대하는지 이해할 수가 없다. 따라서 신자유주의를 좋아하는 사람들은 그 말을 쓰더라도, 적어도 반대하는 사람들은 다른 단어를 써야 한다고 본다. 가령 '시장제국주의' 라든지 '강자독식주의', '무한경쟁주의' 라는 말을 쓰면 얼마나 명징한가.

'한미 FTA 반대' 라는 구호도 마찬가지다. 이 구호로는 왜 반대하는지 도무지 알 수가 없다. 이것도 반대의 이유를 분명히 드러낸 '한미 노예협상 반대' 라고 하면 어떨까.

전교조에서 그토록 반대해왔던 교원평가제도도 그렇다. 사람들은 교사에 대해서도 평가를 하자는 게 왜 잘못된 일인지 모른다. 교사는 평가조차 거부하는 완고하고 권위적인 집단처럼 비칠 수밖에 없다. 나는 전교조가 국민들에게 신망을 잃고 괴리된 중요한 이유 중 하나로 이걸 꼽는다. 따라서 이 구호도 '교원평가제도 반대' 가 아니라 '교원통제제도 반대' 가 되어야 할 것이다.

나는 심지어 '국가보안법' 도 반대하는 입장에선 '양심구속법', '사상통제법' 으로 불러야 한다고 생각한다. 단어가 가진 일차적 의

미만 놓고 보면 '국가 보안'은 당연히 지켜야 할 중요한 일이다. 세상에 그 중요한 일을 반대한다니…….[11]

이렇듯 거대담론에서 밑천을 드러냈던 진보세력은 세부적인 부분에서도 아무런 개념이 없었다. 앞서 말한 대로 노무현 정권의 대표적인 실책이었던 관변단체 예산지원에 대해 진보정당의 대통령 후보 권영길에게 물어봤다. 그랬더니 권영길은 "다른 사회단체와 동등하게 경쟁하게 해야 한다"는 한가한 대답이나 하고 있었다.[12]

이미 김대중 정권 시절에 제정된 비영리민간단체지원법에 의해 시민단체도 막대한 사업비 지원을 받고 있다는 사실을 알고나 계시는지, 그 때문에 수많은 시민단체가 정부 지원을 끊으면 조직을 유지할 수 없는 지경에 빠져 있는 걸 아시는지 모르겠다. 당시 답변에서 관변단체 지원을 해서는 안 된다고 분명히 밝힌 후보는 사회당 금민뿐이었다. 그는 이들 관변단체가 '정권이 키워, 정권도 어쩔 수 없이 비대해진 단체' 라며 '이런 관변단체에 국가나 지자체가 재정 지원을 계속하는 것은 국민의 혈세를 특정 집단의 이익을 대변하는 데 쓰겠다고 하는 것과 마찬가지' 라고 잘라 말했다.

역시 앞서 말한 부산과 경남의 신항 명칭 싸움이나 준혁신도시 논란 때도 민주노동당은 아무런 입장을 내놓지 못했다. 지역주민들의 자존심을 볼모로 한 한나라당 정치인들의 선동에 진보정당도 질질 끌려 다니기만 했을 뿐이다.

---

11 김주완, '네거티브' 좀 하면 안 되나, 〈경남도민일보〉 2007년 11월 29일자 데스크 칼럼
12 진영원·정봉화, 대선후보 서면질문·답변(3), 〈경남도민일보〉, 2007년 12월 19일자

그럴 수밖에 없었던 이유가 있다. 적어도 내가 아는 민주노동당은 '지역' 보다 '중앙' 에 관심이 집중돼 있었고, 지역발전이나 개발정책에 대해서는 환경단체만큼도 관심이 없었기 때문이다. 지방선거를 통해 적지 않은 비례대표 지방의원을 배출해놓고도 정작 그들이 실력 있는 의정활동을 할 수 있도록 뒷받침하는 데는 소홀히 했다. 민주노총의 자치단체에 대한 요구를 관철시키려 할 때 써먹는 도구 정도로 지방의원을 활용하려 한 혐의도 짙다.

나는 민주노동당이 정말 밑바닥에서 실력을 인정받아 국민의 신뢰를 얻으려면 전국의 지방의회에 진출해 있는 지방의원부터 시작해야 한다고 본다. 인정받을 수 있는 방법은 쉽고도 간단하다. 왕따를 각오하고 지방의회와 동료의원들의 각종 잘못된 관행과 비리를 폭로해버리면 된다. 민주노동당이 지방의회에 진출했던 첫해부터 그렇게 했어야 했다. 그러면서 민주노동당 의원들만은 그런 관행과 철저히 결별하겠다고 선포했어야 했다. 동료의원들과 협조관계를 유지해야 한다는 핑계로 단체장이나 공무원, 기업체에서 주는 촌지와 선물도 눈감아주고, 유람성 해외여행에도 적당히 편승해 따라가고, 한나라당 의원들의 부조리한 담합 카르텔에도 침묵해주는 이런 식으로는 진보정당이 신뢰를 얻을 수 없다.

내가 보기엔 민주노동당 지방의원뿐 아니라, 국회의원들도 왕따에 대한 두려움에서 벗어나지 못하는 것 같다. 다음 선거에 대한 욕심과 미련 때문이다. 그런 걸 폭로해 동료의원들로부터 왕따를 당하면 남은 임기동안 제대로 의정활동을 못하게 된다는 변명을 들은 적이 있다. 그야말로 변명이자 막연한 두려움이다. 그러나 오히려 과감

히 동료의원들의 비리를 폭로하면 오히려 그 동료의원들이 민주노동
당 의원을 두려워하게 돼 있다. 의정활동에 대한 협조도 더 잘된다.
이건 동료기자들에게 왕따를 경험해본 기자로서 자신 있게 하는 말
이다.

맺으며

대선은 끝났고, 진보세력의 '실력 없음' 은 국민에게 들통 났다.
시민단체는 '신관변화' 되었고, 소위 개혁세력은 '얼치기' 였으며, 그
들이 모인 집단은 '잡탕' 이라는 것도 드러났다.

더불어 진보가 가야 할 길도 분명해졌다. 우선 '잡탕' 세력과 확실
히 선을 그어야 한다. 그들과 선명하게 다른 미래사회의 비전(vision)
을 통해 차별화하자. 그게 복지국가든, 사회투자국가든, 사회국가든,
사회민주주의든, 민주적사회주의든, 사회적공화주의든, 사회주의
든, 또 다른 제3의 대안이든, 한국의 진보세력이 함께 공유하고 함께
실천해나갈 가치를 만들어내자.

그동안 국민들은 민주노동당이 지향하는 미래사회나 비전이 뭔
지 도통 알 수 없었다. '진보' 라는 데는 당내의 모든 정파가 동의하
는 것 같은데, 그들이 말하는 진보의 구체적인 상(像)은 제각각이었
기 때문이다. 그걸 내놓지 않고 민주노총이나 진보연대 같은 단체들
과 허구한 날 '반대' 만 외치고 있으니 정체를 알 수 없을 수밖에. 그
러다 보니 대다수 국민들은 과거 스탈린식 공산주의나 김일성 추종

                                        김 주 완

세력 쯤으로 짐작할 뿐이었다.

"진보정당이니까 찍어 달라"고 할 수 있던 시대는 지났다. 심지어 20대에 학교에서 '변혁운동'을 했던 30·40세대들도 이젠 자기 삶에 보탬이 될 후보를 찾는 시대가 됐다. 어떻게 사는 것이 더 골고루, 더 풍요롭게, 더 걱정 없이 살 수 있는 방법인지를 국민 앞에 내놓아야 한다. 그걸 통해 보수정당의 '강자독식주의(신자유주의)', 문국현 정당의 '드러커주의'[13]와 실력으로 경쟁해야 한다.

덧붙여 진보를 지향하는 시민단체라면 제발 그 '시민단체'라는 용어부터 정리해주길 바란다. 정부나 자치단체의 돈을 받지 않고는 조직을 유지할 수 없는 단체나 정부가 할 일을 대행해주는 단체들은 '준관변단체'나 '정부보조단체'라는 제 이름을 찾아줘야 한다. 그런 단체들이 시민사회단체연대회의라는 기구의 주요 성원으로 자리를 차지하고 있는 한 '잡탕'을 벗어날 수 없고, 국민의 환멸은 깊어질 것이다.

---

13 피터 드러커 (Peter Ferdinand Drucker) : 미국의 경영학자. 문국현은 '피터드러커 소사이어티' 이사장이며, 그의 경제이론은 드러커주의에 기반하고 있다. http://www.pdsociety.or.kr 참조.

시민사회단체의
길 찾기

일시 : 2008년 1월 7일

배재한(사회) 전국언론노동조합 국제신문 지부 위원장 • **강미애** 부산하
천살리기시민운동본부 사무국장 • **구수경** (사)여성문화인권센터 부설
가정폭력상담소 소장 • **김태근** 울산시민연대 사무처장

시민사회단체의 길 찾기

배재한(사회) • 강미애 • 구수경 • 김태근

배재한 : 대통령선거(12월 19일)가 끝난 지가 오늘(1월 8일)로 보름이 지났습니다. 오늘 좌담에 참석하신 분들이 모두 시민사회단체 엔지오로서 이번 대선 결과를 보고 어떤 느낌을 받았는지 먼저 알고 지나갔으면 좋겠습니다.

김태근 : 대선 평가에서 개혁진보진영의 패배라고 인정하는 부분에는 동의합니다. 그런데 상당 수준의 논의를 보면 정치집단으로 대표되었던 통합신당이나 민주노동당의 패배만을 묻고 있는데 그것은 아니라고 생각합니다. 87 민주항쟁 이후 성장해왔던 우리 사회운동이 자기한계를 드러낸 선거였다고 봅니다. 그 한계 지점은 대선 자체가 무엇으로 표현되든 상관없이 민생이라는 주제가 분명히 있었음에도 불구하고 민생과 관련된 주제거

리들을 제안할 수 있는 통로나 힘이 우리한테 존재하지 않았다
는 겁니다. 소위 이야기하는 이명박식의 성장 담론으로 경도될
수밖에 없었던 것이 우리의 명확한 한계지점이었다고 생각합
니다. 그런 의미로 평가를 한다면 앞으로는, 밑으로부터 기는
데 어떤 내용을 가지고 길 것인가 고민하는 것이 우리가 이명
박 정부 5년을 살아남는 지름길이 아닐까 생각합니다.

배재한 : 김 처장님께서 생각하시기를 민주노동당과 통합신당의 패
배만이 아니라 시민사회 전체의 패배가 아니냐 하는 그런 말씀
을 하셨는데, 구 소장님께서도 시민사회 진보 진영에 몸담고 있
는 사람으로서 느끼는 감정을 말씀해주시면 감사하겠습니다.

구수경 : 저는 이번 대통령 선거를 바라보면서 김대중 정부, 노무현
정부 10년을 통해서 만들어놓은 내용을 정치적으로 푸는 데 시
민 진보진영의 노력이 부족했고, 너무 안주하고 있지 않았나
생각합니다. 보수진영은 처음부터 너무 완벽하게 자기 길을 찾
고 있었는데 진보진영 쪽에서는 누구 하나 보수진영에 항거하
기 위한 힘을 준비하지 않았습니다. 너무 안일했습니다. 그런
부분을 많이 반성했습니다.

배재한 : 그러면 다음으로 환경 분야와 관련해서 강 사무국장님과
말씀을 나눠보죠.

강미애 : 네. 이번 대선이 기회가 될 수도 있는 국면이었는데, 오히려 그것을 잘 살려내지 못했다는 것은, 그만큼 보수진영이 10년간 이를 악물고 정권 재창출을 위해 노력했고, 참여정부 진영은 그만큼 치열성이 부족했다고 봅니다. 그만큼 대안세력으로 또 다른 세상에 발을 내디뎌야 함에도 불구하고 참여정부는 너무 안일했던 부분이 분명히 있었고, 좀 더 진보적인 세력에서는 뭔가 좀 새로운 것을 제시하는 힘들이 미약했기 때문에, 원뜻은 아주 좋았던 것이라 할지라도 지금 대중의 정서와 맞지 않아 외면당하고, 오히려 정권재창출에 도움이 못되는 결과까지도 이르렀다고 생각합니다. 총체적으로 386세력 십년 동안 민주세력이 정권을 잡은 것 이후에 대안세력을 마련해내지 못한 것에 대한 비판은 철저히 같이 책임져야 한다고 생각합니다. 선거라는 게 가장 치열한, 가장 전면적인 전쟁이라 할 수 있는데, 선거에서 넋 놓고 있는 저를 발견했었습니다. 결과적으로는 참신한, 창의적인 아이디어로 신자유주의에 맞서는 대안세력이 못 되었다는 데 한계가 있다고 봅니다.

시민사회단체들도 자성의 시간을 가져야

배재한 : 김 처장님께서 정당으로 대표되는 민노당과 통합신당의 패배가 아니라, 진보사회세력, 시민사회세력의 패배다, 라고 말씀하셨습니다. 저도 그 부분에 대해 공감하는 부분이 많이 있기 때문에 이런 부분들은 나중에 말씀 나누도록 하겠습니다.

이왕 말씀이 나왔으니까, 결국에 정당이라는 것이 시민사회와
동떨어져 있는 것이 아니고 시민사회로부터 인력을 공급하고
순환하고 또, 정당이 과거의 60년대나 70, 80년대의 그런 정당
이 아닙니다. 끊임없이 개혁, 민주, 시민 사회 세력에서 인재와
정책과 자원들을 공급해주지 않으면 그런 정당은, 과거 같으면
1인 독재의, 1인 보스가 사라지면 정당도 사라지는, 그런 정당
으로밖에 존립하지 못합니다. 그런 점에서 본다면 과연 이번
대선 패배 이후에 통합신당이나 민주노동당이 진통을 겪고 있
고, 심지어 정계은퇴를 하시는 분도 계십니다. 진보개혁세력에
서 시민사회운동의 싹이 트고 본격화된 게 80년대 중반 이후라
고 본다면 20년 이상 나름대로 시민사회, 풀뿌리 시민사회단체
들이 활동을 한다고 해왔습니다만, 얼마나 시민 속으로, 지역
속으로 자리를 잡았는가 하는 그런 근본적인 회의가 들더군요.
지금 민주노동당과 통합신당만이 돌을 맞고 있는데, 이른바 시
민사회단체들도 처절한 반성문과 함께 자성의 시간을 가져야
할 시기가 아닌가, 새로운 시민사회운동의 출발을 해야 되지
않나 하는 생각이 듭니다.

김태근 :   어쨌든 시민운동을 한 10년 정도 했던 사람 입장에서 보면
2000년 총선이 시민사회가 정점에 다다른 것이라는 평가가 일
반적이고, 2002년 이후에는 아젠다를 세팅하는 데 있어서 한
계지점에 도달했다는 평가가 있었습니다. 1987년 이후 쭉 진
행되어온 과정 속에서 이명박 정부를 어떻게 볼 것이냐 하는

것을 놓고도 많은 생각이 존재할
수 있겠지만, 절차민주주의가 상
당 부분 진행되어온 상태에서 물
질적, 경제적 풍요 속에서 발생
하고 있는 또 다른 문제, 실질적
민주주의, 경제적 민주주의에 대
해서 얼마만큼 고민들을 하고 있
었는지에 대해서 문제제기가 되
기 시작한 게 2003년도 이후였
던 것 같습니다. 그런 문제와 관
련해서 사실 저는 최근 여러 가
지 기사나 글을 보면서 진보가
보수적인 것 아닌가 하는 생각에
상당히 공감합니다. 교육이나 의
료나 주거 문제가 실제로 민생에
중요한 문제라는 것을 이야기했
었는데 그것과 관련해서 새로운
접근을 하고 무언가를 찾고자 하
는 노력보다는 그동안 했던 사업
의 연장에서 일을 해왔다고 생각
합니다. 그것이 이번 대통령선거
과정 중 의제를 작업하는 데 있
어서 결정적인 한계였다고 생각

김태근 울산시민연대 사무처장

합니다. 예를 들면 대선유권자연대에서 제시했던 여러 가지 정책적 과제도 추상적 수준을 뛰어넘지 못했습니다. 워낙 힘이 빠져서 300몇 개가 모였다고 한들 그런 힘으로는 안 됩니다. 소위 90년대식 성명서 방식이나 공중전 방식으로는 더 이상 안 된다는 것이 확인되는 상황이었고, 그것을 넘기 위한 자기 고민이 부족했던 것이 현실이었습니다. 앞으로 5년 동안 이명박 정부가 노무현 정부와 무슨 차이가 있을지 의심스럽습니다. 아마 큰 차이는 없을 겁니다. 교육정책에서는 3불이 무너지면서 많은 변화를 겪을 것이라고 예상하지만, 실제로는 속도의 차이지 근본적 차이는 없지 않겠는가 하는 생각이 듭니다. 실제 우리가 건설하려고 하는, 진보집단에서 이야기했던 비정규직 철폐나 개별 과제들이 틀렸다는 것은 아닙니다. 교육을 통해서 개천에서 용이 안 나오는 건 다 알고 있음에도 불구하고 그래도 아이들을 학원을 보낼 수밖에 없는 이 사람들에게 설명해줄 수 있는, 그리고 이 사람들과 공유할 수 있는, 또 다른 사회를 설계할 수 있는 희망을 어디서 만들 수 있는 것인지에 대한 그림을 그려줘야 되는 것 아니냐, 라는 생각이 들었습니다.

배재한 : 조금전 우리 시민사회단체가 진보진영임에도 불구하고 더 보수화되어 있지 않느냐 말씀하셨는데, 이번 대선에서 시민사회단체도 패배했다는 지적에 대해서는 어떻게 생각하십니까?

구수경 : 여성운동 쪽에서 바라보면 1990년대에는 사실 성폭력법이

 좌담 2

만들어지고 2001년 김대중 정부는 여성가족부를 만들었습니다. 여성화 문제에 관련해서는 호주제도 폐지되고, 성매매특별법도 마련되는 등 굉장히 발전했습니다. 정체됐다는 문제를 그 지점에서 이야기하면, 90년대 초반 시민단체가 성폭력법을 만들자고 활동을 해서 법제화됐습니다. 그런데 지원을 받게 됨으로써 그 속에 매달려 있다 보니까, 보수라는 게 다른 의미가 아니고 실제로 우리가 하고자 하는 운동이 되지 않고 있는 경우가 있었다는 것이죠. 가족관계특별법에서 각 지역마다 지원을 해라 하니까, 그 조그마한 실제 사회운동을 하던 친구들은 급여라든지 임금이라든지 노동력에 대한 대가가 없이, 사회변화와 여성문제, 환경문제도 마찬가지였지만, 그런 과정에서 우리는 김대중 정부, 노무현 정부도 만들어내고 이렇게 했지 않습니까? 그래서 법제화가 이루어졌습니다. 노무현 정부가 만들어지면서 여성운동진영에서 보면 커다란 법제가 만들어졌는데, 우리는 그 속에서 헤매는 것이지요. 지원을 받다 보니까 숫자를 맞추어야 되고 그런 행정업무를 해야 하니까 굉장히 힘이 들었습니다. 또 운동을 하고 선언하고 뛰쳐나가는 것을 하다가 그게 안 되는, 말하자면 그런 것에 몸을 맞추는 것으로 5년이 지났고, 그래서 도리어 더 큰 틀을 못 보지 않았나 생각합니다. 그래서 이번에는 다시, 법은 우리가 만들자고 해놓고, 조정은 국가에서 다 하고 있으니까 우리는 그 안에서 놀 수밖에 없어 더 큰 활동을 하지 못하는 것이 아니냐, 좀 더 줄여야 되겠다, 시민에 좀 더 파고 들어가야 되겠다, 우리도 사업을 조금 더 사랑방 개념으로 해서 여성들에게 더 다가가는 것, 가장 원하는 것이 무엇인가 다시 생각해서 하는 것으로 시작을 하고 있습니다. 그래서 그 보수라는 것은 그렇게 좀 다루면 되지 않을까, 필요하다고 만들어 놓은 법제 속에서 헤맨 10년이었다, 그래서 도리어 큰 것을 보지 못했던 것이 아닌가, 여성운동 측면에서는 그렇게 생각합니다.

배재한 : 사실 어떻게 보면 여성 단체가 이루어놓고, 다음 행동에 대해서 자기 정체성이나 갈 길을 찾지 못했다는 그런 말씀으로 들립니다. 환경단체는 그런 지적을 더 많이 받은 것 같은데요? 어떻게 생각하십니까?

강미애 : 10년 전 다른 정권이 있었을 때는 보수진영 단체를 들러리로 세울 필요가 있었기 때문에 그 단체가 필요했고요, 진보정권 10년에서는 노무현 정부에 참여하는 관변단체와 같이 하기에는 이 사람들이 좀 아니고, 그렇기 때문에 경실련, 참여연대, 환경운동연합 등 주축이 되는 단체를 파트너로 삼아서 같이 갔다고 봅니다. 이 많은 사람들이 서로 청와대도 왔다 갔다 하고 같이 상호관계를 가졌다는 거죠. 우리가 소위 진보라 생각했던 사람들도 그 진보가 오늘까지는 진보였지만 내일도 진보일 수 있도록 성찰하고 고민하고 더 앞으로 나아가려는 노력을 게을리 했습니다. 당시에는 내가 진보였고 누구 못지않게 민중을 사랑했지만 그 틀이 다른 틀에 들어가면서 변질이 된 것 아닌

가, 자기성찰이 부족하지 않았나, 남들 비판은 많이 하면서 자기비판은 덜 했다 생각합니다. 참여정부가 파트너로 삼았던 요인도 좀 있었습니다. 선거는 철저한 조직관리라서 평상시에 관리를 해야 하는데, 방금 구 소장님도 이야기했지만, 모든 단체가 일에만 매몰된 것은 아니었나 생각합니다. 조직에 있는 사람들은 철저하게 지역으로 들어가야 합니다. 지역의 대중들을 조직해내지 않고서는 철저히 관리하는 보수진영 시스템에 깨질 수밖에 없습니다. 지역민과 같이 호흡하는 민주주의를 연습하지 않고서는, 그러니까 더 큰 단결을 이루어내지 못하고서는 안 됩니다. 풀뿌리 지역을 강화하자고 모두가 지역으로 들어가서 운동을 했는데, 미처 그 씨앗들이 터지기도 전에 이런 국면을 맞았습니다. 하지만 지도부가 연결을 제대로 하지 못했기 때문에 그런 것이지 앞으로 이명박 정부 5년 후에는 충분히 또 다른 성과가 있을 것이라고 생각합니다. 이명박 정권 내에서 보수를 좀 제대로 본다면 민중단체나 시민단체가 결합할 수 있는 구조로 대오를 갖출 수 있는 계기가 되는 것 아니가 하는 생각을 합니다.

다른 분들께서도 말씀하셨지만 속도의 차이지 내용은 별다른 것이 없었다는 것은 개인적으로 동감하는 바입니다. 눈에 보이느냐 안 보이느냐의 문제였지 크게 차이는 없었다고 봅니다. 그래도 우리가 참여정부에 기대하는 것이 많았기에 실망도 컸다고 할 수 있습니다. 이명박 정부는 인수위활동부터가 다른 모습으로 비춰지는 것이 보입니다. 인수위 때부터 사람들이

'와저라노' 할 때는 없었던 것 같습니다. 신문에서 앞장서 이명박 정부에 관해서 날카롭게 비판했던 사람들이 지금에 와서는 온통 MB 찬양론으로 돌아선 것을 곳곳에서 볼 수 있습니다. 언론이 그렇게 해바라기처럼 행동한다는 것은 문제라고 생각합니다. 모니터를 잘해서 언론이 제대로 갈 수 있게끔 하고, 지역도 가꾸고 한다면 대오 정비는 가능하다고 생각합니다.

구수경: 언론이 해바라기처럼 하는 게 아니라 노무현 정부가 응징하지 못한 게 첫째 언론이었다고 생각합니다. 애초에 언론을 잡지 못했고 거기서 대중들이 좌지우지되지 않았나 생각합니다. 대통령 선거가 끝나자마자 그래, 잘한다 잘한다 하면 잘하고, 못한다 못한다 하면 못한다, 언론은 이명박 정권이 못하더라도 못한다 하지 말고 잘한다 하자, 벌써 그런 이야기를 퍼뜨리고 있습니다.

배재한: 언론계 한 모퉁이에서 종사를 하고 있으니까 그것은 따로 이야기를 하고, 시민단체가 대선을 통해서 평가를 받았는데 이게 오히려 대오를 정립할 수 있는 계기가 될 수도 있다고 하셨는데, 그렇다면 이런 말씀을 한번 드려보겠습니다.

작년에 남한산성이라는 김훈 씨의 소설이 나왔습니다. 그 소설이 50만 부가 넘게 팔렸는데, 우리가 알다시피 주화파와 척화파의 논쟁 속에서 선조가 택했던 것, 조정이 무능에 빠졌을 때 주화파와 척화파가 남한산성에서 갇혀 있으면서 모질게

좌 담 2

싸웠습니다. 추위도 모질었지만 그 추위 못지않게 논쟁도 모질었습니다. 저희들이 봤을 때 사람에 따라서는 척화파의 주장에 손을 드는 사람도 있을 것이고, 주화파에 손을 들었을 경우도 있을 텐데, 김훈은 어느 쪽의 손도 들어주지 않았습니다. 정말 엄정한 관찰자로, 제3자의 입장에서 둘의 논쟁을 끊임없이 중계만 했습니다. 작가 입장에서, 아니면 다른 사람 입장에서 한 번쯤 평가를 내려줬으면 좋았을 텐데 하는 아쉬움이 독자로서 남습니다. 영광도서에서 있었던 김훈 씨 초청 독서토론회에 갔더니 참석자들 대부분이 남자였습니다. 넥타이를 맨 4~50대 분들이 더 많은 겁니다. 토론에서도 우리와 관련된 시대상황에 대한 질문을 많이 하고요. 제가 82학번인데, 전두환 대통령 때는 정보형사가 학교에도 수시로 들어왔습니다. 지금은 그런 일은 없습니다. 70년대 80년대의 질곡을 겪으면서 때로는 구속을 각오하면서 돌도 던지고, 시위도 하고, 잡혀가기도 하고, 그런 40대 50대가 지금 우리사회의 주축이 되어 있습니다. 어떻게 보면 서울과 수도권은 그런 분들이 더 많이 살고 있습니다. 그런 분들이 이번 대선 결과에서 나타낸 표심, 단지 표심은 12월 19일 하루에만 나타난 표심이 아닙니다. TV에서 1년 전부터 여론 조사해왔습니다. 우리는 그 표심을 다 지켜보았습니다. 박근혜와 이명박이 한나라당 내에서 경선할 때도 이명박 후보의 든든한 우군은 수도권의 40대였습니다. 이명박 후보의 핵심 측근인 정두언 의원은 한 언론과 인터뷰에서 자신들의 선거운동과 정책개발 포커스가 영남도 부산도 아닌 수도권의 40

대라고 대놓고 이야기했습니다. 정두언 의원은 경선하기 한 달 전쯤 인터뷰를 하면서 "우리는 아무 곳에도 초점을 맞추지 않고 있다. 우리의 전략은 수도권 40대다. 수도권 40대에게 정책을 설명해서 오케이 하면 밀고나가고 노 하면 접는다"고 말했습니다. 지금 수도권 40대가 그분들입니다. 아까 소설 남한산성을 예로 들었는데 그런 분들이 고민하고 있습니다. 과연 노무현 정부를 보면서 국민들의 처절한 심판을 받을 정도로 잘못했는가, 그러면 못한 거 대봐라, 적어봐라. 딱히 없다고 봅니다. 저는 지난 2002년 대선 때 노무현 대통령을 찍은 사람으로서 없다고 생각합니다.

민주주의가 총칼로 심판하는 게 아니고 표를 통해 심판받는다고 한다면, 현 정부가 국민들한테 나서서 우리가 이것 이것을 잘했다고 설명하기는 민망할 것입니다. 물론 노무현 대통령이 국민들로부터 회초리를 들을 짓을 안 했다고 나름대로 생각하는 국민이 있을지 모르겠지만, 이 정부의 책임자나 노무현 대통령이 나서서 말할 상황은 아닙니다. 국민들이 노무현 대통령을 바라보는 시선은 다양하다고 봅니다. 조금 전 말한 대로 채찍을 들고 싶은 분들도 있을 테고, 상당한 진전과 성과에 대한 평가를 받아야 할 부분이 있음에도 불구하고 도매급으로 넘어가고 있다고 느끼는 분도 있을 것입니다. 그것은 조금 전 제가 남한산성을 예로 들면서 말씀드렸듯이 국민들 마음은 착잡하고, 참 이렇게 볼까 저렇게 볼까 고민하고 있습니다.

진보진영이 국민들의 마음을 되돌리기 위해서는 이번 대선 결과가 우리 시민사회단체들이 새출발의 계기로 삼을 얼마든지 좋은 기회가 된다고 했는데, 그렇다면 무엇으로 새출발을 해야 하겠습니까? 제가 감히 말씀드린다면 진보진영이 새 출발을 할 수 있는, 대오단결해서 국민으로부터 이야기를 들을 수 있는 기회가 있었습니다. 한미 FTA가 예라고 할 수 있겠네요. 이제 이것은 되돌리기 어렵다고 봐지고요.

앞으로 진보진영, 시민사회단체가 어깨걸이를 할 수 있는 부분이 경부대운하라고 생각합니다. 대운하. 이렇게 처절하게 망가진 시민사회 세력이 연대해서 새출발하고 일어설 수 있는 역사적인 계기가 될 것이라고 했는데, 무엇으로 일어서야 되겠습니까?

강 국장님께 한번 여쭙고 싶습니다.

경부대운하는 전선인가

강미애: 우선 두 가지를 잘 말씀해주신 것 같습니다. 우리에게 기회가 있었다. 한미 FTA를 제대로 잘 설명하고, 이것으로 뭉칠 기회가 있었는데 그때도 진보진영은 갈라져 있었습니다. 물론 시민사회단체도 많은 변화발전을 했습니다. 10년 전의 맹아를 생각해보면 많이 발전하고 변화했다고 생각합니다. 근데 그 이상을 뛰어넘지 못했습니다. 단체연대라고 할까 세상을 같이 하는 측면에서는 부족했다는 생각입니다. 제각기 뛰는 측면이 있었습니다. 한미 FTA 투쟁을 열심히 했던 단체로서는, 제대로 알

강미애 부산하천살리기시민운동본부 사무처장

리려고 노력했다고 생각합니다. 근데 이때 부족한 측면이 많았지요. 참여정부가 미국에 긍정적으로 가고 있었고, 진보진영 내에서도 다른 후보들 간 관점이 나뉘어졌습니다. 경부대운하에 대해서 말씀하셨는데, 인수위활동에 대한 보도를 계속 보면서 6개월은 이 상태로 갈 거라는 생각이 듭니다. 이에 관해서는 관점도 정리하고, 어떻게 해야 되는지 계속 고민해야 합니다. 11일도 전국적인 단체가 공동으로 대오를 정비해서 기자회견도 잡혀 있습니다. 그리고 현재 경부대운하의 가속도가 엄청나게 붙고 있는 상황이라 그동안 이해관계를 같이 하지 않았던 단체들도 경부대운하로 응집하고 있습니다. 지금 같이 할 수 있는 거리가 있다는 것은 긍정적입니다. 막아내든 안 막아내든 간에 함께 하면서 진보사회가 새롭게 재기할 수 있는 발판을 만들고, 대안을 제시할 수 있지 않을까 생각합니다. 사실 지금은 좀 초토화된 분위기이고, 앞으로 어찌 해 나갈지 아직까지

정해진 것은 없습니다.

김태근 : 　　　저는 개별정책에 대해서 찬반을 묻고 과정상 해야 될 일은 분명한데, 대운하가 전선이라고 생각하지는 않습니다. 할 수도 있고 안 할 수도 있는 문제라고 생각합니다. 예를 들면, 12월 BBK가 난리칠 때 연대를 할까 말까 고민했는데, 이름을 달자 해서 이름을 달았습니다. 그런데 이런 방식, 즉 한 방을 통해 해결할 수 있다는 생각을 철저히 넘어야 된다는 것이 이번 대선의 경험이라고 생각합니다. 그것은 FTA도 마찬가지입니다. 예를 들면, 작은 나라에 살기 때문에 수출하지 않으면 안 된다고 사고를 일반 사람들은 뼛속까지 가지고 있습니다. 이들에게 다른 성장전략도 있다는 것을 이해시키기기 위해서는 그 내용을 여러 번 말해줘야 합니다. 하지만 전선은 그런 걸로 치는 게 아니라 그들이 뼈저리게 느끼는 문제들로 접근해야 한다고 생각합니다. 저는 경부대운하 가지고 전선을 치면 1,000개가 모일 수도 있고 2,000개가 모일수도 있다고 하지만, 우리가 함께 하려고 하는 그 사람들에게 대운하가 건설되는 게, 혹은 건설되지 않는 게 자신의 삶의 문제가 해결될 수 있는 부분은 아니라고 봅니다. 교육이나 의료가 더 중요하다고 생각하는데, 우리가 이런 문제를 가지고 건수를 만들어내려는 노력이 부족했다고 봅니다. 저는 작년 대통령 선거를 거치고 나서 우리가 고민해야 될 지점을 크게 두 가지 정도 남겼다고 생각합니다. 교육문제와 관련해서는 고교평준화 문제, 대학평준화 문제를 아젠

다로 올렸고요, 이 문제와 관련해서 그동안에 시민사회가 자기 입장을 내는 데 주저했습니다. 적어도 국공립대의 평준화 네트워크를 만들어야 되는 것에는 합일점을 만들었다고 생각합니다. 이것이 하나의 진전이구요. 또 하나는, 나머지 정책은 다 제쳐두고 일자리를 나눌 수 있다는 것을 보였던 문국현의 모델 작업, 이런 것이 사실 민생과 연관되는 주제인 것 같습니다. 그래서 이런 문제와 관련해서 이야기해야 할 것 같고, 특히나 내부로 향한 자기비판을 명확히 하지 않으면 안 된다고 봅니다.

배재한 : 알겠습니다. 삶의 문제는 이 토론 끝나고 바로 토론하기로 하겠습니다. 한미 FTA라는 큰 아젠다를 가지고 시민사회 세력들이 서로 공유하고 연대해서 국민들에게 알릴 수 있는 기회를 갖지 못했다고 말씀드릴 수 있겠고요. 앞으로 시민사회단체가 하나의 아젠다로 뭉칠 수 있는 것이 있다면 경부대운하라고 할 수 있지 않겠는가. 왜냐하면 심지어 이명박 대통령 당선인을 지지한 많은 사람조차도 경부대운하에 대해 반대하고 있고, 공식회의에서 여론 수렴이 필요하다, 심지어 자기들도 대선이 임박했을 때는 반대여론을 수렴하겠다고 했는데, 이제 와서는 실천 과제의 문제이지 반대한다고 해도 추진할 것이라고 기정사실화합니다. 그것은 조금 전 제가 말씀드렸듯이 시민사회세력이 제기하고, 이런 상태를 수습하는 데 있어서 디딤돌 같은 것이 있어야 된다고 생각합니다. 이제 한미 FTA가 사실상 지나갔다면 한반도 대운하가 있지 않겠는가 생각하는데 그 부분에

대해서 말씀을 부탁드립니다.

구수경 :　　지금 경부대운하를 이야기하면서 대운하의 폐해나 문제가 많이 있는데도 불구하고, 사람들은 대운하를 하면 관광객이 많이 올 거라고 말합니다. 저는 거기에 어떻게 접근해서 삶과 죽음의 갈림길이 온다는 것을 설명할 수 있을지 모르겠습니다. FTA도 다 같이 나서지 못했습니다. 자기가 이득을 보는 사람은 찬성하고 아니면 반대합니다. 경부대운하가 새 전선의 고리가 될 수 있을 것인지 저는 좀 미심쩍게 생각합니다. 많은 사건이 있었는데도 불구하고 FTA를 막지 못했습니다. 많은 이명박 표 중에서 경부대운하를 바라는 사람이 있고, 또 표가 있기 때문에 그것을 전선으로 만들어내는 것은 힘들다고 봅니다.

강미애 :　　경부대운하를 이명박운하로 칭하기로 하면서, 대운하가 단순히 사업 중에 하나라고 생각지 않습니다. 이것이 다일 수도 있다. 여기서 나타나는 각종 것들이 압축이 되어서 그들이 세상을 바라보는 관점이 된다. 작은 성공을 가지고 또 다른 것을 넘어설 수 있다고 생각합니다. 지금 전부 패배주의에 많이 젖어 있는데요, 한나라당 내에서도 환경대파괴에 공감하는 사람까지 보수를 제대로 알 수 있게끔, 또 다른 사업을 하기 위해서 뉴딜정책처럼 물건을 생산해서 갖다 버리는 꼴이 아니라, 지구를 팔아먹고 사는 것이 아니라, 다음 세대에 물려줄 것을, 최소한의 양심으로 어떻게 해야 되는지를 깨우칠 수 있는 계기

가 되는 것 아니냐 하는 것입니다.

김태근 : 아, 잠시만요. 그렇게 말씀하시면 저는 무슨 말씀을 드려야 되냐 하면요. 경부고속철도 반대했고, 새만금도 반대했습니다. 이렇게 사회간접자본이라는 것이 성질상 보면 투자했을 때 나중에 결과치가 좋다는 것이 드러나는 것입니다. 태화강 투자 반대하고 있지만 실제로 태화강 가보면 다 좋아합니다. 돈이 어떻게 투여되는가 하는 것은 중요하지 않습니다. 국가예산은 베일 속에 가려져 있거든요. 정작 중요한 것은, 민선 3기 들어와서 박맹우 시장과 싸울 때 중요한 것은, 지금 이 사람이 지표상으로 볼 땐 70% 이상 지지도가 올라가요. 싸울 때 뭘 가지고 싸울 것이냐 생각하면, 태화강으로 싸우려면 만만치 않아요. 거꾸로 지방자치제가 무엇을 해야 될 것인가 하는 것으로 싸워야 되는 거 아니냐. 예를 들면 주거문제가 평당 천만 원 넘어갔을 때가 있었는데 우리는 이걸 거론하지 못했습니다. 교육비도 마찬가지고요. 이런 문제와 관련해서 지방자치단체가 이것은 중앙정부의 권한이라고 발뺌하고 넘어가는데, 지방정부의 권한과 책무가 어디 있다는 것을 가지고, 내 삶과 어떻게 연결되는지를 가지고 이야기해야 근거를 마련할 수 있습니다. 저는 그래서 한 방 싸움이 아니라고 말씀드리는 겁니다.

강미애 : 저는 한 방이 아니라 이걸 모티프로 해서 이 정권에 대한 허와 실을 밝혀내고, 이걸로 인해서 뛰어넘을 수 있는 뭔가를

　　　　　　　　　　　　　　　　　　　　　　　　　　　좌 담 2

만들어낼 수 있다는 거죠.

배재한 : 한 말씀만 드리겠습니다. 도올 김용옥 선생의 강연을 들었습니다. 오마이뉴스가 경기도 강화에 오마이스쿨을 열고 지난 해 11월 30일인가 개소했습니다. 개소식 행사로 도올 김용옥 선생이 오셔서 강연했는데 이런 말씀을 하셨습니다. 지금 대선, 여러 가지 상황으로 간다면, 변수가 없으면 이명박 후보가 될 가능성이 아주 높다. 국민이 용인한다면 선택, 그러나 대운하만은 막아야 한다. 환경 전문, 해보지 않고는 알 수 없지만, 이것은 해보지 않더라도 패해가 너무나 심각하고, 이것은 시민사회, 환경론자를 뛰어넘어서 양심을 가진 지식인들이 있다면 막아줬으면 좋겠다. 그런 말씀을 하셨습니다. 진보진영이 지난 20년 동안 빛나는 성과를 올렸습니다. 시민사회와 진보세력들은 20~30년 동안 빛나는 성과를 이뤘음에도 불구하고 이렇게 패배했습니다. 그 패배 중에는 환경단체, 지금의 시민사회세력들, 청와대, 통합신당, 민주노동당이 말하고자 하는 내용들이 피부에 와 닿지 않는다. 우리 아이가 대학을 졸업하고 2년, 3년 취직을 못하고, 취직을 한다고 하더라도 비정규직으로 한 달에 88만원을 받는다. 직장에 가도 58세가 정년인데 40대 후반 되면 나가라고 하고, 사오정이라 하는 말이 일반화된 시대입니다. 아까 말씀드렸듯이 의료문제 교육문제 심각합니다. 우리사회를 둘러보면 경제성장도 했고 수출도 늘어났고 연봉을 일억 이상 받는 사람도 늘어났지만 서민의 삶은 훨씬 팍팍해졌습니

다. 그 사람들의 살림살이가 통계로는 어떨지 모르지만 심리적으로는 5년 전보다 못하다고 생각하고 있습니다. 삶의 문제, 먹고 사는 문제, 이런 부분에 대해서 시민단체, 통합신당, 민주노동당, 참여정부가 과연 얼마나 성과와 업적을 냈는지 냉정하게 돌아볼 필요가 있습니다. 또 우리 시민사회세력들도 연대와 재기의 발판으로 대운하 문제를 들 수 있겠지만, 국민의 피부에 와 닿는 삶의 절실한 문제로부터 새출발해야 되지 않겠는가 생각합니다. 조금 전 말씀드린 대로 이른바 공중전, 성명서 발표 위주의 활동, 시민이 빠진 시민단체 그런 운동이 계속될 수는 없을 것이고, 그런 운동이 계속된다면 앞으로 3개월 남은 총선에서 한나라당이 200석 안팎을 차지할 것이고, 즉 그것은, BBK 사태가 터지기 며칠 전에 노회찬 의원이 말씀하신 대로 당분간 시민사회 진보진영의 지리멸렬이 계속되지 않겠는가 하는, 그래서 피부에 와 닿는 삶의 절실한 문제에서부터 시민사회 진보 세력들이 새출발해야 되지 않겠느냐 하는 그런 생각이 드는데 어떻게 생각하십니까?

먹고 사는 문제가 답이다

구수경: 먹고 사는 문제, 삶의 절실한 문제, 그것이 답이라는 생각이 듭니다. 지난 크리스마스를 맞아서 가족들과 스키장을 찾아 갔었습니다. 저는 그런 리조트를 한 번도 가본 적이 없고 아는 분이 신청을 해서 갔는데, 예약이 잘못돼서 특별석이라도 달라

했는데 없어서 다른 곳으로 갔습니다. 그런데 거기도 발 디딜 틈이 없었습니다. 오면서 생각하기를, 정말 우리가 먹고 사는 문제가 심각한가, 못사는 문제는 다시 생각해야 된다. 노무현 대통령 선거 유세하는 부산역에 갔었는데 잊을 수 없던 것이 400만 신용불량자를 재건하겠다고 했거든요. 저도 신용불량자가 되어 있더라고요. 카드가 없이 살았습니다. 예전에는 카드를 만드는 게 굉장히 쉬웠습니다. 그래서 다 좋은 줄 알고 쓰다 보니 사실은 앞하고 뒤가 다른 격이 되었습니다. 제가 그렇게 한 번 은행에 이름이 오르니까 5년간 카드를 낼 수 없는 상황이었고요. 계속 안 됐습니다. 그리고 남편 같은 경우, 카드비가 며칠만 밀리면 바로 독촉이 오는 상황이 되었습니다. 안 갚을 수 없는 상황이 된 거죠. 이렇게 허리를 조이고 5년을 살았습니다. 그런데 사람들은 그것을 못 살았다고 판단하는 것 아니냐, 라는 생각이 들었습니다. 도리어 리조트는 자리가 비좁을 정도로 사람이 많았는데, 규제를 풀어주면 더 자주 갈 수 있는데 못 가는 것 아니냐, 상대적 빈곤은 그렇게 가지는 것이 아니냐 하는 거죠. 우리가 먹고 사는 문제나 절실한 문제를 다시금 재고해야 된다 생각합니다.

배재한 : 여기서 잠깐 제가 한 말씀 더 드리면요. 사실 87년 민주항쟁으로 대통령 직선제를 시민사회세력이 싸워서 쟁취했습니다. 시민저항운동의 대승리라고 할 수 있습니다. 당시 중산층도 그 시위에 가담하면서 '그래, 민주주의 좀 해 달라' 는 것이

었습니다. 그때는 영장 없이 잡아가고, 인권이라는 것이 없는 시대였습니다. 그러니까 민주주의 좀 해 달라, 배고파도 좋다, 라고 했습니다. 지금은 그때보다 비교할 수 없을 정도로 잘 삽니다. 먹고 사는 문제, 그런 문제에 천착해야 된다는 것은 단순한 먹고 사는 문제, 아까 구 소장님이 먹고 사는 문제도 어떤 것인지 파고 들어가서 개념정리를 해야 한다고 말씀하셨는데, 시대가 달라졌다면 절실한 문제에 대해서 과거에는 야당보고 해결해 달라, 우리 좀 못 먹고 살아도 괜찮다, 그랬는데 지금은 국민들이 정부나 집권당에서 먹고 사는 문제를 해결해주길 바랍니다. 통계로 따져보면 훨씬 잘 사는데 국민의 심리는, 5년 동안의 살림살이를 본다면 여론상 나아지지 않았다고 느끼고 있습니다.

구수경: 살림은 견실해졌는데 나는 힘들었다는 것이죠.

강미애: 생활 절제를 잘 해야 된다. 카드 사용을 하지 않고 소비의 거품을 걷고 해서 선진국으로 가야 하는데, 그러려면 생활도 검소하고 자기절제를 잘해야 합니다. 이렇게 소비지향적이면 안 됩니다.

배재한: 노무현 대통령이 대선 후보 때는 신용불량자 400만 명을 해결하겠다고 하셨는데, 어제 인수위에서는 720만 명을 해결해주겠다고 합니다. 국민들이 먹고 사는 문제를 해결해 달라,

그런 절실한 문제들이 이번에 표심에서 적잖이 표출되었다고
하는데요. 김 처장님께서도 먹고 사는 문제에 천착해야 된다고
이야기 하셨는데 그 이야기를 좀 해주세요.

김태근 :　　　다들 힘들어 합니다. 저도 힘들고... 교육 정책이 그렇게 됐
다니 집사람이 우리 애도 특목고를 보내야 되는 것 아니냐, 그
런 이야기를 합니다. 300개가 만들어지면 전체 고등학교 중에
20% 정도가 특목고가 되니까... 실제로 각 가정생활을 어렵게
하는 겁니다. 예를 들면 울산의 GRDP가 4만 달러라고 하는데,
여전히 현대자동차의 생산직에 계시는 분들은 토요일이든 일
요일이든 특근이 있으면 하시려고 하고... 그분들이 다 걱정하
시는 것은 98년도 정리해고라는 사태가 언제 다시 올지 모르기
때문에 회사에 대한 믿음이 없고, 노조에 대한 믿음이 사라졌
기 때문에 있을 때 벌어야 된다는 것들, 그러니까 있을 때 벌
수밖에 없는 것이 노령화의 문제라든가... 그러니까 지난번 통
계자료 나온 것을 보면, 우리나라 사람들은 노령과 관련된 것
에 투자하지 못한다고 되어 있어요. 그것의 핵심은 사실 주거
와 교육입니다. 다 알고 있는 문제죠. 주거와 교육 문제를 공공
으로 해결하자는 주장은 몇 차례 했던 것 같습니다... 그런데
무슨 생각이냐면, 예를 들면 참여연대가 그동안 쭉 잘 나가다
가 요즘엔 좀 아닌 것 같고, 그러면 경실련이 2004년 이후에 자
기궤도를 찾은 것이 사실 아파트 하나밖에 없었거든요. 그런데
그 과제를 가지고 지속적으로, 사람들이 정말로 힘들어하는 과

제를 가지고 계속 제기하면서 오히려 심리적 지지를 획득하고 있었다고 생각되거든요. 근데 정작 우리는 비정규직 철폐를, 그러니까 과제상으로는 다 맞는 이야기라는 거죠. 과제상으로는 다 맞는데, 이미 가정생활을 쪼들리게 하고 있는 여러 가지의 통로나 이런 것들을 통해서 이것을 극복하기 위한 무슨 노력, 그러니까 대학 등록금 싸움은 학생회의 일반적인 싸움이지 이게 사회와 함께 할 수 있는 싸움도 아니었고, 근데 실지로는 그렇게 가야 되는 것 아니냐, 라고 보고 싶은 거죠. 그러니까 대학교는 이미 대학교가 아니게 돼버린 것 아닙니까. 그동안 대학교는 보내면 됐었는데 이제 대학교는 로스쿨로 가기 위한, 아니면 의과전문대학원이나 치과전문대학원, 이런 전문대학원으로 가기 위한 전초 단계, 정말로 고등학교 4학년이 돼버릴 수밖에 없는 구조로 바뀌었다면, 그것이 또다시 우리의 삶을 피폐하게 만들 것이 뻔하게 보인다면, 이런 문제에 대해서 대안을 만들어야 합니다. 그것에 대해서 얼마만큼 확산을 시킬 수 있는가에 대해서는 여러 가지 과정이 필요하겠지만, 이것에 대한 공감대를 만들어내는 것은 쉬운 일 아닌가 하는 것이죠. 그럼 이런 것부터, 그 속에서 사실은 입시평준화나 이런 것들을 이야기하는 것들이 사실은 지금 저희가 그동안에는 주로 어떤 이야기를 했냐면, 성장과 분배가 어쩌고저쩌고 해서 북유럽 사민주의든 이런 이야기들만 했었는데, 실제로 구체적인 문제, 교육문제와 관련해서, 북유럽 사민주의든 서유럽 사민주의 국가들의 교육정책과 관련해서 어떤 태도를 취하고 있는지, 그나라에 대학 보내는 데 있어서 정말 가정이 부담해야 할 부분이 없는 것 아닙니까? 이런 것들에 대해서 이야기하고 그런 태도를 만들어 주는 것들이, 저는 정말로 필요한 게 가치를 중심으로 사람들을 바꾸지 않으면, 이례적인 싸움들은 충분히 할 수 있다고 생각되지만, 이례적인 싸움으로 지금 문제가 극복될 수 없는 성질의 것이기 때문에, 정말 우리가 지향해야 할 가치, 그게 공공선이고 국가의 책임을 강조하는 이런 것들이라면, 그런 것들에 맞는 방식의 싸움을 준비하고 이런 것들이 실제로 5년을 보고 10년을 보면 남는 싸움이 아닐까 하는 생각이 듭니다.

강미애:　중요한 이야기가 나온 것 같네요. 실제로 우리가 각개각층 싸움은 열심히 할 수 있다고 생각하거든요. 근데 삶의 질 향상이라든지 여러 가지를 생각했을 때, 가치관과 철학이 어디에 있느냐에 따라서 사람들이 지금, 무한경쟁에다가 극단 이기주의로 치닫고 있거든요. 제 주변만 봐도 제가 맏며느리인데 저만 빼고 전부 다 이명박을 지지했습니다. 왜냐하면 양산에 땅을 사놓은 거예요. 막연하게 이명박이 집권을 하면 땅값이 올라서 내가 개인적으로 잘 살 수 있을 것이다. 아무리 형수가 환경운동을 하지만 이거 가지고 한 방에 다 살릴 수 있고 형한테 빌린 돈도 다 갚을 수 있어요 하니까 당장 나도 시동생이 만약 양산 땅이 팔리고 규제가 쫙 풀리면 나한테 몇 십억 갖다 줄 수 있겠구나 싶은 거예요. 공동체 의식이 너무 희박해졌습니다.

예전 향약, 두레 같은 걸 복원해내지 못하고 개별적인 극단 이 기주의로 치닫고 있습니다. 이게 참 문제라고 생각합니다. 공동체 의식을 회복하는 운동, 이것을 각 측면에서 해야 하고, 이 공동체 의식은 풀뿌리 지역으로도 깊숙하게 스며들어야 합니다. 그래서 아주 큰 운동도 간혹 필요하지만 생활 속에 전면으로 파고드는 이런 운동을 각개각층에서 해야 한다고 봅니다.

그 다음, 정부가 양극화를 심화시키고 교육 정책도 기조가 바뀌었잖아요? 무한경쟁을 통해 살아남은 자만을 스파르타식으로 굴려서 괜찮은 놈만 끌고 가겠다는 거거든요. 이런 교육 정책은 정말 잘못됐다고 생각합니다. 이명박 정부가 표방하는 것은 우리를 더욱더 양극화시키고 무한경쟁으로 내모는 자본주의의 첨단을 가는 겁니다. 원래 극이 있으면 반전이 있습니다. 오히려 많은 사람들이 이건 아니라는 생각을 할 수 있을 것 같습니다. 그래서 저는 극단으로 치닫고 있는 자본주의의 끝이라고 생각하고 공동체 의식을 회복하는 것만이 우리가 함께 살아가는 길이라고 봅니다. 지역에 깊숙하게 파고들어서 그 사람들과 같이 밥도 먹고 같이 생활하면서 운동을 이끌어나가야 된다… 나 혼자 잘난 것이 아니라 여럿이 함께 가는 운동을 해야 된다고 생각합니다.

배재한: 제가 조금 전 먹고 사는 문제, 그걸 조금만 더 말씀드리고 공동체 이야기로 넘어가겠습니다. 예를 들어서 지금 우리 국민들, 최근에 대통합민주신당 대통령 후보였던 정동영 후보라든

지 또 민주노동당에서 말씀하셨던 내용을 간추린다면, 먹고 사는 문제, 국민들의 주거 문제, 사교육, 대학입시를 포함한 교육 문제, 노후 문제, 일자리 문제, 의료 문제. 이렇게 제가 볼 때는 주거, 교육, 노후, 일자리, 의료 이 다섯 가지 불안 속에 국민들이 살고 있습니다. 아까 말씀하신 대로 98년 IMF 이후에 정리해고를 당하는 것을 보면서 노동자들은 회사도 노동조합도 국가도 믿을 수 없다, 내 손에 돈을 쥐고 있지 않으면 아무도 나를 보호해줄 수 없다는 것을 뼈저리게 느꼈습니다. IMF를 겪으면서, 지난 10년 이후의 삶을 통해서, 정치를 통해서 점점 더 확신하고 있는 그런 상황인데, 이런 일상생활에서 느끼는 불안, 당면하고 있는 삶과 직결되는 문제에 대해서, 과연 지난 10년 동안 제일 큰 책임자인 정권, 또 시민사회단체에서 얼마나 천착했나 하는 생각이 듭니다. 그래서 지역 속으로, 주민 속으로 들어가야 한다고 할 때도 결국 이 문제이지 않을까... 환경 문제도 주민의 삶과 직결되는 문제이고... 예를 들어 어디 댐을 건설한다든지 골프장을 건설한다고 했을 때 그것이 주민생활을 어떻게 얼마만큼 피폐하게 만드는지 그런 문제도 결국 제가 말씀드렸던 그 다섯 개 문제에 녹아 있다고 생각하거든요. 그래서 이런 문제에 대해서 시민사회단체에서 오랫동안 활동하신 활동가분들, 정치인들, 정권들, 정당들이 해왔던 행태, 또 그것과 더불어서 우리 시민사회 세력들은 지난 수년 동안, 또 그 이전부터 이런 문제에 대해서 얼마나 지역주민들과 호흡하고 눈높이를 맞추면서 같이 개선하고 해결하려고 몸을 던졌을까... 이런 말씀을 드리고 싶습니다.

또 그것이 결국은 시민사회 세력들이 앞으로 나아가야 할 방향이고 국민들에게 희망을, 지역주민들에게 어떤 역할과 기능을 할 수 있는 부분이 아닌가 하는 생각이 듭니다.

김태근 : 뭘 잘할 수 있을까로 돌아가보면, 제가 작년에 울산 경실련이랑 참여연대랑 통합을 해서, 울산시민연대라는 조직을 만들었는데, 저희가 통합하는 과정에서 논의했던 내용이 지금과 다르지 않은 논의들이에요. 97년 이후에 우리 사회가 양극화되고, 실제적 민주주의 문제가 중요한 가치로 부각되었음에도 불구하고, 여전히 시민운동은 그동안 해왔던 여러 가지의 것들을 중심으로 놓고 활동하고, 그 속에서 안주했던 것들 아니냐, 라고... 제목이 아주 거창하죠. 사회불평등 해소와 참여민주주의 실현을 위한 울산시민연대라는 이름으로 그렇게 만들었더니 100년 갈 조직 아닌가, 농담 삼아 이야기하더라고요. 그렇게 이야기들은 했는데, 작년 1년 동안 어쨌든 활동을 했는데, 그럼 정말 그렇게 활동을 했는가, 못했던 것 같아요. 여러 가지 이유가 있는데, 저희가 아래로 내려가겠다는 것을 말로만 했던 부분도 있었고, 또 하나는 실제로 기존의 타성을 버리는, 관성을 버리는 문제가 쉽지 않은... 그동안 저희가 되게 안주해왔다... 특히나 아까 말씀하신 것처럼 건강했던 시민사회가 사실은 위탁사업을 받기 시작하면서 상당한 문제가 발생했다고 생각해요. 위탁사업에 안주하는 순간, 그것이 필요한 영역임에는

분명한데, 민간 파트나 그런 것에 안주한 순간 잃어버린 운동성이 지금의 현실, 사실인 것 같습니다. 저희들은 그런 것을 받지 않았음에도 불구하고, 그동안 해왔던 방식대로 요 타이밍에 요 정도 하면 대충 언론의 주목을 받을 수 있고, 필요한 일이라는 것 정도의 수준에서 많이 못 나가고 있는 것이죠. 뻔히 아구가 나오는 것이죠. 무슨 일이 터지면 여기서부터 여기까지가 딱 보이니까… 사람들한테 이야기 할때 우리가 매너리즘에 빠져 있는 것을 넘지 못하면 뭐 이런 이야기를 했는데, 실제로 그런 것 같아요. 그래서 지역 모임들을 하면서 저희는 그런 경험을 했거든요. 소위 동·북구청장이 민주노동당 인물일 때 참여연대를 만들어서 거기에 회원분들이 참여연대에 실지로 들어가고, 이런 과정에서 실제로 아는 만큼 보인다는 건 분명한 것 같아요.

그리고 우리는 풀뿌리 운동을 모토로 진행하는데 일본과는 달라야 된다고 생각해요. 그 핵심은 기본적으로 운동이 다양하게 가지만, 전체를 사고하는 쪽에서 지역을 고민할 수 있었던 게 우리가 가지는 장점이라고 생각해요. 이걸 놓치면 풀뿌리가 일본처럼 갈 수밖에 없다고 생각하고, 그러지 않으려면 실제로 이런 것들에 대한 끊임없는 자각도 필요하겠지만 구체적으로 현장을 알기 위해 회원들 스스로 노력하는 길을 열어줘야 된다는 생각을 많이 합니다. 저희는 위원회나 어디에 파견을 나갈 때 가능하면 상근자들이 안 간다는 생각을 가지고 있거든요. 상근자들이 안 가고, 참여연대랑 경실련이랑 합쳤으니까 전문가들도 좀 있는데 가능하면 전문가들도 보내지 않습니다. 가능하면 회원들을 보냅니다. 근데 이분들이 가시면 사실 전문가들보다 더 열심히 하십니다. 그분들에 있어서 풀뿌리 문제나 자치의 문제는 공감과 책임으로 주어지는 어떤 통로가 없었기 때문이지 그럴 수 있는 역량과 그럴 수 있는 훈련의 기회가 주어진다면 충분히 할 수 있다는 생각이 들었습니다. 그런 것들을 아래로부터 조직하고 한편으로는 근본적인 문제에 대해서 성찰하는 것, 그리고 그런 것들을 하나하나의 사업들로 만들어보는 것, 이런 정도로 가지고 5년 동안 일해야 하지 않을까 생각합니다.

강미애 : 예. 선생님과 맥락을 같이하는 이야기를 좀 하자면, 풀뿌리가 중요하다고 하면서 실제로 현장에서는 파고들어가지 않았던 것 아니냐 하고 비판하시는 면도 있는데, (김태근 : 저희 이야기입니다, 저희 이야기) 예, 그러니까 그렇지 않은 단체도 있거든요. (김태근 : 예, 알고 있습니다.) 여러 단체, 실험적으로 주요 메이저라고 하는 단체들도 어떻게 보면 지역으로 파고 들어가려고 했던 것은 이러한 것들을 극복하기 위해서거든요. 그렇다고 전부 다 지역으로 들어가서 각개각층에 분산되는 것이 아니라, 그 내용들이 또 지도부에 다 이렇게 연결이 돼서 일사분란하게 점검이 되어야 한다는 것이죠. 그냥 이 단체 이 사람만 딱, 지역의 맹주처럼 있는 것이 아니라, 같이 점검이 되고 우리가 함께 해야 할 일이, 원래 목표가 뭐였는지 계속 상기하

면서 지역에서 운동을 하는 단체가 분명히 있습니다. 저희들은 동단위 사업까지도 진행하고 있습니다. '학장동에 어떤 반이다' 라는 식의 동 단위로도 깊숙이 들어가서 지역조직도 하고 있는 실정입니다. 저는 머지않아서 이런 지역의 틀들이 빛을 발할 때가 다가오고 있다, 우리가 그동안 준비를 면밀히 하고 있었다, 이제 지역에서 오는 성과물들이 올라오고 있고 그것들을 아우를 수 있는 시기가 올 것이다, 라고 생각하고 있습니다.

구수경: 지도부에서 보는 입장은 목표를 가지고 하나하나 움직이는 모습들을 다 챙기는 것이 필요하겠지만, 조금 더 생각해야 되는 부분은, 항상 개인의 활동력이나 활동성에 대한 평가를 대단히 높이 해야 된다고 생각합니다. 요즘 같은 경우에 여성단체이기 때문에, 아까 말씀하신 지원을 받고 있는 단체이다보니까 한계가 점점 더 생기는데, 회원활동이 안 되거든요. 왜 안 되느냐 하면은 자원봉사를 안 하려고 합니다. 이전에 우리는 온몸을 다 바쳐서 그냥 그 자체로 했었잖아요? 근데 지금은 회원활동을 하면 대가를 얼마나 주느냐, 말하자면 여기 단체에서 일을 하면 일자리 정도가 되는지, 반찬값이나 할 수 있는지, 밥값이라도 나오는지 이런 것들을 다 생각하는 것이 현재의 모습이더라고요. 그게 어쩌면 환경문제를 느끼지 못한다, 여성문제를 알지 못한다, 너희 역할이 부족한 것이 아니냐, 이렇게 비판하기보다 개인 모두가 다 자기의 삶에 대해서 가치를 얼마만큼 가지려고 하는가를 우리가 더 많이 평가하고 거기에

구수경 (사)여성문화인권센터 부설
가정폭력상담소 소장

맞춰서 해야 된다는 거죠. 아까 선생님
이 말씀하신 것처럼 지도부나 전문가
들은 어디에 간다든지, 행사에 보내지
않는다는 거죠. 그런 어떤 소스를 많이
주는 것, 그들에게 자기 삶과 직결되면
서 자기 가치를 부여할 수 있고 자기
경제성을 더 높일 수 있는 것들을 만들
어주는 것, 이런 것들을 찾아야 된다,
저희는 그런 고민을 많이 하거든요. 예
를 들면 전화상담 자원봉사를 오면 두
시간 와 있는데, 두 시간 가지고는 모
자라 하루 종일 있다 가고, 밤새워서도
하고, 그런 예전과는 다르다는 거죠.
두 시간 갔다 오면 두 시간에 대한 가
치를 어떻게든 해 달라는 요구가 있습
니다. 그래서 자원봉사자 몇 시간 달성
상주고, 그런 카드를 잘 만들어야 된다
는 거죠. 강 국장님 쪽도 지금은 환경
문제라든지 동 단위가 잘 되고 있다고
하더라도, 그 개인이 혹은 자기 자신이
허허실실이 되지 않도록 잘 체크하고
만들어야 합니다. 저는 그것을 꼭 지적
해주고 싶습니다. 그게 너 좋고 나 좋

고 사람이라는 게 지금 좋아서, 우리 둘이 마음 맞아서 같이 할 수 있지만, 그게 자기 현실에, 자기 일상생활에 도움이 되는 것으로 틀걸이를 만들어주는 것, 그것을 바로 지도부는 꼭 해야 된다고 생각합니다.

강미애: 　근데 그 운동의 관점이 당사자 운동으로 철저하게 그 사람이 그 운동의 주체가 되고 그 사람이 당사자 운동으로 하면서 내가 진짜 취업을 모색하고 싶으면 그것까지도 다 같이 고민하면서 그 삶을 고민하는 것이지, 그냥 이 운동에 기계적으로 하나의 부속품처럼 생각하는 것이 전혀 아니거든요. 오히려 이 사람의 밑거름으로 만들어주는 것, 그게 철저한 중심이라는 것이죠.

기득권화, 권력화되어 있는 시민단체

배재한: 　조금 전 아래로 내려가야 한다, 우리 시민단체도 타성에 안 주해 있었다, 그런 말씀을 하셨는데 제가 좀 심한 표현을 써도 용서를 해주십시오. 사실 열린우리당이 집권하는 동안 시민단체와 국민들 간 거리가 점점 멀어졌다고 볼 수 있습니다. 저는 진보정당은 말할 것도 없고 시민사회단체도 이미 기득권화, 권력화되어 있다고 생각하거든요. 이명박 대통령 당선인의 압도적인 당선, 이건 직선제 이후 처음입니다. 앞으로도 없을 일이고요. 김대중 전 대통령도 말씀하셨지 않습니까. 암흑기라고

말할 수 있는 박정희 정권 시대에도 이렇게 처참하게 패배하지 않았다고. 이런 상황이 벌어졌는데... 그럼에도 불구하고 과연 이명박을 찍은 사람도 흔쾌하고 기분 좋고 그럴까. 제가 볼 때 정말 다 찜찜한 상황들이라는 것이죠. 그래서 제가 한 가지 예를 들어보겠습니다. 시민사회단체들이 지역으로 또는 아래로 내려간다고 했을 때 그럼 그분들의 자세나 진보진영, 진보정당들의 자세도 정말 국민을 섬기는 자세, 시민을 섬기는 자세로 감동을 줘야 한다고 생각하거든요.

우리 국민들이 지금 이렇게 회초리를 들어서 노무현 정부를 심판했지만, 이명박 정부가 잘 하지 못하거나 국민의 기대에 부응하지 못한다면 5년 후에 국민들은 회초리가 아니라 몽둥이를 들 것이라고 보거든요. 국민들이 생각 없이 이번 대선에서 이렇게 하지 않았다고 보거든요. 국민들은 그러한 감동에, 섬기는 사람들에 목말라하고 있습니다.

제가 한 예로 시사저널 사태를 들어보겠습니다. 적절한 사례인지는 모르겠는데, 시사저널 당시 금창태 사장이 삼성 이학수 관련 기사를 두 페이지 뺐습니다. 사실 지금은 그런 일이 없습니다만, 제가 91년에 입사를 해서 있을 때 보면 편집국장이 데스크에게 기사를 빼게 하는 것이 언론계 현실이었습니다. 예를 들어 92년 대선 때 초원복국 사건이 벌어졌습니다. 모 신문 편집국장님이 당시 대선에 유력한 당선 후보였던 분과 같은 동문이었습니다. 그 사건은 엄청난 일이었습니다. 그런데 취재기자가 충분히 취재를 해서 보도를 하려고 했지만 기사는 적잖은 부분이 거두절미돼 보도됐습니다. 그리고 심지어 그 보도가, 전 현직 기관장들이 모여서 그런 이야기를 했다는 것이 문제가 아니라, 그 자리에 모인 것을 도청했다는 것을 문제시하는 방향으로 기사화되기도 했습니다.

그런 경우가 90년대 초반의 경우라면 이해를 합니다만, 2006년도 그 사회에서, 8월에 시사저널에서 그런 일들이 일어났는데요, 과거 같으면 그냥 넘어갈 수 있는 상황이었음에도 불구하고 기자들이 들고 일어났습니다. 편집장은 항의성 사표를 내니까 사장은 기다렸다는 듯이 곧바로 수리를 했습니다. 23명의 기자들이 동시에 파업을 하고, 회장으로부터 재발 방지 약속을 받겠다고 했는데, 회장, 또 앞에 사장, 그런 분들은 이건 편집인의 고유권한이다, 또 기사거리가 안 된다, 라고 말씀하셨는데 사실 기사거리가 안 되는 것이 아니었습니다. 당시 사장은 중앙일보 사장까지 한 분이었는데 내가 삼성에서 밥 먹었는데 어떻게 그렇게 쓸 수 있겠느냐, 뒤로는 그렇게 이야기했습니다. 취재기자를 불러놓고 내가 중앙일보에 있다가 어떻게 삼성에 비판적인 기사를 쓸 수 있겠느냐. 그런 분이 공개적인 자리에서는 뻔뻔하게 기사가 안 되는 것을 빼라고 했다, 그렇게 말했다는 거죠. 그래서 그 기자들이 옥쇄를 했습니다. 전부 사표를 제출해놓고 파업을 했고, 그러면서 전부 떠났습니다. 23명 중에 한 명만 이탈을 했는데 그 한 명도 언론을 떠나고 싶다고 해서 다른 길로 가버렸습니다. 그리고 22명이 오롯이 자기들의 월급과 퇴직금을 다 털어서 올바른 언론을 만들겠다고 싸우니까, 수많은 사람들이 도와줬는데 서울시내에서 풀빵 파는 젊은 노점상 부부는, 나도 짝퉁을 안 판다, 라면서 풀빵 팔아 모은 돈 천만 원을 시사저널 기자들에게 갖다 준 겁니다. 그렇게 해서 거의 불가능할 정도로 보였던 시사저널 기자들이 퇴직금을 다 털고, 시민 사회에서 모아준 돈으로 시사인을 만들었습니다. 당시 언론계에서는 뭐라고 했냐면, 악담인지 모르겠지만, 한 달, 길면 삼 개월을 못 넘길 거라고 했습니다. 하지만 잘 발간되고 있습니다. 유가부수도 광고에 크게 연연하지 않을 만큼 정기구독자를 확보했습니다.

제가 볼 때 그것은, 그렇게 우리 사회는 아직 양심적이고, 87년도 민주항쟁을 일으키고 79년도에 부마항쟁의 도화선이 됐던 민주세력들이 아직 남아 있는 겁니다. 거대한 얼음장 같은, 강바닥까지 얼은 것 같지만, 그 얼음은 불과 얼마 되지 않고, 그 얼음장 아래에는 도도하게 강물이 흐르고 있는 겁니다. 그런 민주시민들이 눈을 부릅뜨고 지켜보고 있거든요. 그런 분들이 시사인이라는 잡지에 돈을 주고 해서 그 잡지가 나오고 있거든요. 그것은 그냥 시사인이라는 잡지가 나온 것이 아니고 그 기자들이 온몸을 던져서 이런 척박한 언론 풍토를 바로잡는, 제대로 된 시사 주간지를 만들겠다고 했기 때문입니다. 저는 민주노동당이, 통합신당이, 시민사회의 활동가들이, NGO 분들이 지역민들에게, 시민들에게, 국민들에게 그런 감동을 주지 못한다면, 민주진영, 진보진영, 시민사회세력도 과거에는 빛나는 성과를 냈지만 앞으로 점점 잊혀질지도 모른다는 생각까지 하게 됩니다.

예를 들어서 조금 전 시민사회세력들이 기득권화, 보수화 되어 있다는 지적이 있었는데요, 재벌들의 모임인 전경련 시무 식을 어디에서 했습니까? 기름유출 사고가 발생한 태안에서 했거든요. 물론 그것이 쇼일 수도 있습니다. 아니, 쇼라고 봅니다. 그런데 지금은 그런 쇼라도 해야 된다는 거죠. 그런 분들이, 대재벌 회장들이 찬바람 맞으면서 걸레를 들고 기름을 닦았습니다. 저는 그걸 보면서 전경련이 저렇게 달라지는데 통합신당이, 민주노동당이, 시민사회세력들이 지금까지 과연 그런 모습을 보여줬을까 하는 생각이 들었습니다.

강미애 : 그런데 요구치가 다른 게, 보수층은 조금만 그런 컨셉으로 가도 아주 대단하게 보이고, 우리 진보단체는 태안을 밥 먹듯이 가는데요, 모든 것을 다 밥 먹듯이 하는 우리가 하면... 흔히 로맨스와 불륜의 차이라고 하는데요... 우리 시민사회단체는 좀 더 투명하고, 힘들지만 견디고, 모든 것을 인내하고, 이런 것은 우리 몫으로 생각하는 경향이 있는데, 요즘 시민사화단체 사람들도 자기 삶의 질을 생각하는 부분도 있거든요. 그런데 우리한테만 너무 고통을 감내해라, 이런 것은 좀 아닌 것 같습니다.

구수경 : 배 기자님이 말씀하신 것 중에, 우리가 늘 이야기하는 것이 모심의 자세입니다. 회원을 바라보는 데도 시간 하나 더 올려준다, 2만 원 더 준다, 밥 한 끼 준다, 이런 게 아니라 함께하는 당신이 있음으로 해서 우리가 함께 간다는 진정성이 얼마나 보

이는가가 필요하다는 거죠. 그러려면 우리 스스로, 내가 지도
자다, 대표다, 하는 생각, 혹은 내가 여기에 얼마나 있었는데
네가 뭘 알아 하는 이런 자세는 아니라는 거죠. 더 배우는 자세
로 주민들이 뭘 원하는지 시민들이 지금 아파하는 게 뭔지 생
각해야 합니다. 그것은 '나의 아픔은 그의 아픔이다' 이거든요.
저도 아까 말씀하셨듯이 우리보고 다 떠안으라고 하는 것에 대
해서는, 내 몸을 돌보지 않고 남을 돌보고자 하는 것은 방만하
다고 봤는데요, 그런 것조차 다시금 생각해봐야 하는 것이 아
닌가 하는 생각이 들어 배 기자님의 말씀에 공감합니다.

김태근:　　　내부로 향한 비판의 칼날을 들이대지 않으면, 안주하는 순
간 안 된다는 이야기를 하는데, 저는 전교조 선생님들을 가끔
만나면 하는 이야기가, 남들이 다 인정하는 교원평가에 대해서
자꾸 구조조정의 전초단계라고 거짓말하지 말라. 뻔히 정부도
안 하겠다는 데, 그래도 그렇게 할 것 아니냐고 반대전선을 펴
면서 오히려 밥그릇을 챙기려고 하는 식의 싸움을 안 해야 되
지 않느냐는 이야기를 하고, 민주노총이나 이런 데를 보고는,
이거 뻔히 답이 다 나와 있는데, 예를 들면 울산에서 그런 농담
들을 하거든요. 1차 하청업체에 있는 사람들이 현대자동차에
한 달 정도만 파견을 갔다 오면, "아유 저 자식들 다신 안 봐"
라는 이야기를 한답니다. 예전에는 그게 대위원이라든가 빨간
재킷만의 문제였는데 이젠 그게 일반화되어 있는 거죠. 이게
라인 작업이니까, "너희 이리 와봐, 화장실 좀 가야 되는데 잠

　　　　　　　　　　　　　　　　　　　　　　좌담 2

깐” 해놓고는 한 시간이든 두 시간이든... 이렇다는 겁니다. 이런 모습을 보면서 도대체 그가 어떤 이야기를 한들 어떤 신뢰를 얻을 수 있겠냐 하는 거죠. 이렇게 이야기하니까 도덕적 신뢰운동부터 다시 하자고 이야기하는 사람들도 있는데, 저는 그건 베이스로 가야 한다고 생각하고, 정말 지금의 문제를 단순히 자기 자신의 문제를 챙기는 것을 넘어서서... 이미 사회적 시선이 다 있잖아요. 전교조에 대한 시선도 있고, 대기업 노동자에 대한 시선이 있음에도 불구하고, 이런 것들에 대해서 호응하지 못하면 고립되는 것은 잠시 잠깐이라고 생각합니다.

거꾸로 무슨 이야기냐 하면, 이명박이 저렇게 교육문제에 대해서 자신 있게 나오는 이면에는 전교조라는 또 다른 세력이 있기 때문에 가능하다는 것, 그런 이야기도 가능한 게 지금 우리 사회라고 생각하거든요. 그래서 진정성 있게 다가가는 것, 한편에서는 내부로 향한 자기비판의 칼날들을 놓치지 않는 것, 이런 것들이 정말 필요하다고 생각합니다. 다 알잖아요, 저희가 뭐하는지.

언론은 어떻게 바뀌어야 하는가

배재한 : 조금 전 그 시사저널 기자들, 자기 소중한 가치를 전부 버렸습니다. 전부 다 버렸기 때문에 더 크게 얻었다고 생각합니다. 그래서 연말에 시사인 기자들이 언론시민사회단체에서 주는 각종 상을 받았습니다. 그건 정당한 평가라고 봅니다. 그리

고 조금 전 말씀드린 대로 한 달을 못 갈 것이다, 세 달을 못 갈 것이다 하는 그 잡지가 우리 잡지 사상 드물게 정기구독자 4만 명 이상을 확보할 정도가 되었습니다. 물론 4만 명이 전부이고 그로 인해 앞으로 탄탄대로만 이어질 거라는 말은 아닙니다. 그분들도 언론으로서 정도를 걷지 못할 때는 그 반대의 더 혹독한 시련이 닥쳐올 것입니다. 시사인의 예에서 보듯이 어떤 활동가, 지도자, 정당, 그런 분들은 좋게 말하면 국민들에게 감동을 줘야 되고, 계속 이야기 나온 섬김, 모심, 진정성을 보여줘야 합니다. 느끼게 해줘야 합니다.

국민들은 시민단체 진보진영마저도 이미 권력기관화되고, 기득권화되고, 보수화되고 우리로부터 점점 멀어지는구나 하는 생각들을 많이 하지 않느냐, 그래서 시민사회단체, 또 진보세력들이 최근 이런 상황 속에서 과거와는 달리 국민들로부터 따뜻한 시선을 못 받고 있는 것이 아니냐, 하는 생각도 해보는 겁니다.

그리고 시사저널 문제가 나왔기에 언론 분야에 대해서 이야기를 해보면, 사실 저도 여기에 속해 있고, 지난주 금요일 저희 국제신문사에서 전국언론노조 산하 18개 지역신문사 노조위원장들이 모여 회의도 했고, 저도 언론계의 한 귀퉁이에 자리 잡고 있습니다만, 언론사에 근무한다고 이야기하는 것이 요즘처럼 부끄럽고 참담한 경우가 없습니다. 아까 언론의 문제, 그런 말씀을 많이 하셨는데, 시민사회, 또 우리 사회에서 관심을 가져야 되고 바로잡아야 할 부분이 끝이 없다고 생각합니

　　　　　　　　　　　　　　　　　　　　　　　

다. 더없이 중요한 과제가 언론
을 바로 세우는 것이라고 생각하
거든요. 그런데 국민들이나 시민
들이나 독자들이 때로는 참 야속
하기도 하고 때로는 우리의 진정
성이 부족하고 정성과 노력이 부
족했구나 하고 내부를 비판하고
채찍질하기도 합니다. 여기 계시
는 시민활동가분들은 특히 언론
에 대해서 배신감과 참담함, 이
게 도대체 찌라시지 신문이냐,
저게 방송이냐, 그런 것을 많이
느끼셨을 것 같은데요. 최근 대
선과 관련해서 느꼈던 소회를 말
씀해주시고 앞으로 우리 언론이
또 어떻게 바뀌어야 할지 그것도
말씀해주세요.

배재한 전국언론노동조합 국제신문 지부 위원장

강미애 :   그런데 아까 다들, 시민사회
단체도 권력화된 것 아니냐고 이
야기하지만, 울산 대기업노조를
이야기하면서 노조를 바라보는
다른 측면이 있지 않습니까? 시

민단체도 마찬가지라고 생각하거든요. 우리가 생각하는 그런 권력화된 시민사회단체는 몇 개 없습니다. 그것이 전부라고 생각하면 곤란하다는 생각이 들고요. 대다수의 시민사회단체는 열심히 개혁하고 함께 가려는 노력을 끊임없이 하고 있습니다. 오히려 권력구조에 가까이 있는 그런 단체들이 그쪽에 같이 편승 못한 사람은 못한 데 대한 아쉬움이 있을 것이고, 갔다 온 사람은 권력을 맛보았기 때문에 더 이상 자기 권력이 없는 것에 안타까워 할 거라고 생각합니다. 권력이라는 것은 맛본 사람만이 알 수 있는 짜릿함이 있거든요. 대다수의 시민사회단체들은 아직 권력화되지 못했고, 그 맛도 모릅니다. 단지 묵묵히 제 앞길을 가려고 준비하고 있고 그렇게 나아간다고 생각합니다. 저는 시민단체를 너무 냉소적으로 봐선 안 되고, 권력 주변에 있는 단체에 대한 평가만으로 봐서도 안 된다고 생각하고, 아직까지 희망을 가지고 세상을 바라보려는 집념이 있다고 봅니다.

그리고 언론에 대해서 말하자면, 아까 선생님께서 말씀하신 것처럼 정말로 얼마나 해바라기성인지를 요즘 신문 보면 정확하게 알 수가 있습니다. 저는 특히 환경기사를 어떻게 이런 식으로 쓰나? 언론 보도 받아가지고 그대로 쓰는 형태... 제가 하천운동을 7년 동안 했는데, 이 사람들을 도용하는 게, 이 사람이 메이커가 있으면 딱딱 도용해서 써요. 자기가 쓰는 기사는 별로 없어요. 발로 뛰는 기사 말이죠. 저는 그것을 현장에서 7년 동안 봐왔습니다. 신문도 재밌으려면 대중들에게 다가가는 이야기를 써야 할 것 아닙니까. 근데 만들기 급급한지 그냥 그렇게 하고... 공무원의 변신은 무죄라는 카피를 봤습니다. 언론의 변신은 무죄, 아마 2탄으로 이렇게 나올 것 같은데... 언론이 다 그런 것은 아니에요. 만일 데스크에서 빼라고 하면 빼는 건데, 우리도 그 언론에 종사하시는 분들의 고충을 충분히 이해하고, 그 자리에서 만들어졌다고 생각을 하는데... 그 힘을 받치는 것도 시민들일 것이라고 생각합니다. 언론도 마찬가지로 시민사회를, 시민을 두려워해야 된다고 생각합니다. 이명박 정부도 자기 자만에 빠져서 시민의 목소리를 안 들으려고 하는데, 듣지 않는다면 분명 몇 개월 안에 시민의 저항이 있을 것입니다. 언론도 마찬가지고. 그렇기 때문에 우리 시민사회단체도, 선생님들께서 말씀하신 것처럼 많이 공격을 받았는데요, 그 공격을 받고 가슴 아프게 생각해야 할 단체는 따로 있습니다. 그 단체들이 진정성을 가지고 반성을 하고, 다음 세대를 이어가는 메이저 단체로서 굳건한 정신을 차리는 것이 중요하다고 생각합니다. 오히려 다른 단체를 지금 비판할 때가 아니라고 생각하거든요. 자기 스스로가 권력의 중심에 있었던 단체라고 생각한다면 그 단체부터 철저하게 비판하고 성찰해야 합니다. 그렇지 않으면 그 단체는 막을 내려야 되겠지요.

풀뿌리 지역 운동을 전망한다

배재한 : 예, 그럼 언론 문제는 그 정도로 하고요. 풀뿌리라고 하는,

지역으로 가야 한다는 것에 대해서 말하겠습니다. 조금 전 제가 예를 들었던 시사인 같은 것도 우리 시민사회 속에서는 언론다운 언론, 올곧은 보도에 목말라하는 사람들이 많이 있습니다. 이명박 후보를 찍은 분들 중에서도 자기 신념과 여러 가지 확신 속에서 찍은 분도 계시겠지만, 찍으면서도 갈등하고, 찍고 나서도 찜찜한 사람이 굉장히 많다고 봅니다. 그런 속에서도 우리 진보정당, 진보진영들, 시민사회세력들도 이렇게 이번 대선 결과를 보면서 이런 저런 자기감정을 느끼고 참담함도 느끼고 있는데, 재기도 해야 되고 깨어나야 되고, 시민 속으로, 생활 속으로, 아래로 내려가야 한다면, 그런 시민들의 욕구를 자극해야 한다면 시민들의 억눌림이라든지 바람이라든지 그런 것들이 많이 있을 것이라고 봅니다.

저는 찾아보면 그런 정책들이, 지금 시민들의 자전거에 대한 목마름, 걷는 데 대한 목마름, 생활 주변의 불편한 것들을 개선하는 데 대한 목마름이 많이 있을 것이라고 봅니다. 사교육, 환경 문제도 중요하지만 그런 분들은 그런 분들의 역할을 하시되, 그렇지 않은 분야에 대해서도 시민들, 국민들, 지역민들의 아픔과 바람을 캐치해서 시민사회세력들이 연대해서 그것을 이루기 위해 나아간다면 그것이 희망이고, 그분들을 통해서 희망을 발견할 것이고 시민사회단체를 보는 시민들의 눈도 달라질 것이라고 봅니다.

김태근 : 현장에서 풀뿌리 하시는 분들을 보면 소공동체를 중심으

로 해서 도서관, 공원 만들기를 하고 있습니다. 그런 것들이 지속될 수 있는 힘은 어쨌든 조직하시는 분들 속에서 나올 테고요. 저는 늘 지역모임 하시는 분들께 이야기하는데요, 저는 풀뿌리 못한다고요. 저는 지역주민이 아니라고 생각하기 때문이고요. 물론 너도 그렇게 해야 된다고 당위를 말하면 동행하겠지만, 제 생각은 제가 있는 공간 속에서 일을 하는 것이 현실적으로 더 필요한 일이라는 겁니다. 실제로 동네주민들이 지역의 일을 하셔야 하는데요. 그분들이랑 저는 이야기할 수 있죠. 그분들도 각자 역할이 다를 테고, 풀뿌리로 가기 위해서 이분들이 지역을 이해할 수 있는 통로나 기회를 열어드리는 것, 그리고 그 속에서 우리가 생각하는 가치와 현재 어려움들을 어떻게 접목할 수 있는가 하는 노력을 해야 한다고 생각합니다.

강미애 : 제가 풀뿌리 지역운동만 7년차입니다. 7년 전 생각해보니 지역에 들어가서 지역주민과 밥 먹고, 고통을 같이 느끼고 해결을 해보는 일상적인 것이 중요하다는 생각이 들었습니다. 그래서 저는 지금 실제로 학장동에 살고 있습니다. 그러면서 풀뿌리 지역운동을 하고 있습니다.

저는 부산시장이나 부시장한테 하천정책 쪽은 밀접하게 대안도 제시해보았습니다. 동천을 개복한다든지, 영광도서 앞을 차 없는 도로로 해보자는 등 많은 제안을 했지만, 일부 가진 자들을 위한... 이 정권이 누구를 위해 일을 하느냐면, 공익을 위한다고 하지만 기득권층이나 건설업자와 밀접히 연관되어 있습니다. 시민사회에서 아무리 주장을 해도 세력화하지 않으면 올바른 소리가 통과될 기회가 없습니다. 그런 한계를 느꼈기 때문에 같은 뜻을 만들어야 한다고 생각했고요.

지금 이명박 정부는 자신을 지지했던 사람을 잘 따르는 것 같아요. 제가 참여정부에 실망했던 것이 지지했던 사람들을 위한 정책을 외면했다는 겁니다. 참여정부는 어떻든 복지정책은 잘할 것이라는 기대를 가지고 있었는데요. 실패했던 것이 뭐냐면 지지했던 사람조차도 마음이 떠나는 정치를 했다는 것, 오히려 지지 안 했던 사람을 끌어안으려 했던 것입니다. 이명박 정부는 아직 정권을 잡지도 않았는데 자기를 지지하는 기반층에 철저히 봉사하려고 하지 않습니까? 이것도 저는 다른 것 같습니다. 이명박 정부는 우리를 배려하지 않습니다. 지금 어떤 움직임이 보이냐면, 위탁사업도 과거 참여정부나 김대중 정부에서 지지했던 단체들이 아닌, 다른 단체를 파트너로 삼고 있다. 제가 지금 사하 지역을 보고 있는데요, 큰 단체에 사업을 주기 때문에 경쟁이 안 됩니다. 경쟁이 안 되면 도태가 되는데 이런 것으로 맞장을 뜨고 있습니다. 결국은 시민사회단체도 점점 물러난다고 할 수 있습니다. 다른 대안세력을 내지 못하고 5년, 10년 가게 되면 우리 시민사회단체는 기득권 없이 똑같은 입장이 됩니다. 그래서 우리는 위탁사업이 문제가 아니라는 겁니다.

구수경 :　　　그거야 말로 먹고 사는 문제인데요. 최근 이명박 정권이 들어서면서 진보진영 사회단체에서 보수진영 사회단체로 사업

이나 그런 것들이 많이 넘어가고 있다는 것이죠. 그래서 정권이 바뀐 것이 크게 문제가 된다고 보는데요. 그렇지만 우리 스스로의 자부심을 버리지 않도록 하는 것, 누구보다도 우리는 섬김, 진정성, 모심을 가지고 다시 해낼 수 있다는 믿음이 있기 때문에 스스로 비판을 하는 것입니다.

저는 노무현 정권이 여성가족부에 대한 여러 가지 정책을 만들었다고 봅니다. 그런데 통폐합의 위치에 있기 때문에 급박합니다. 이명박 정권이 들어섬으로 해서 우리가 설자리가 없게 된 것이 더 위태한 것입니다. 그래서 우리는 지금 자신을 더 많이 비판하고 자리를 되찾기 위해서 더 많이 질주해야 한다고 말하고 싶습니다.

강미애 : 비판은 하되 패배주의에는 빠져 있지 않아야 된다고 생각합니다.

구수경 : 우리 강 국장님은 오래도록 지역의 활동을 하고 있었는데요. 메이저는 메이저 나름의 일이 있고, 풀뿌리는 풀뿌리 나름의 입장이 있습니다. 그래서 메이저와 풀뿌리 단체가 하나가 되어 대오를 갖추고, 같이 반성하고 함께 손잡고 갈 수 있는 정비를 한다면 대단히 큰 힘을 낼 수 있다는 낙관을 합니다. 너무 비판을 많이 하다 보니 자괴감이 들기도 하고 그렇습니다.

배재한 : 토론 주제가 희망 찾기니까 희망을 찾자는 그런 말씀인데

그런 과정에서 냉혹하게 비판하고, 반성과 성찰은 하되 패배주
의에 빠지고 절망해서는 안 된다, 그런 생각에 저도 동의합니
다. 그러나 이명박 정부의 5년 동안 패착으로 인해서 반사이익
으로 일어나게 된다거나, 예를 들어 진중권 교수가 시사인에
마지막으로 쓴 '그래 국민들이 이명박을 택했는데 5년 동안 당
해봐라' 는 글의 내용은 좀 적절치 않다는 생각도 듭니다. 제가
적절하게 요약했는지 모르겠지만 자신들이 좋아서 물신주의
에 빠져 이명박을 택했는데 5년 동안 겪어보면 알 것이다. 다
시 돌아올 것이다. 그렇게 5년 동안 국민들을 시험에 들게 만
든다면 그것도 진보 시민사회세력의 역할이나 임무가 아니라
고 생각합니다.

물론 그분도 애정을 가지고 있기 때문에, 이 대선 결과를 받
아들이기도 어렵고 한마디로 요약하기도 쉽지 않으니까, 저는
기본적인 바탕은 그렇다고 보는데... 그렇다면 5년 동안 이명
박 정부의 패착으로부터 반사이익을 얻겠다거나, 국민들이 한
번 겪어보면 과거 참여정부 시민사회세력들을 다시 재평가해
줄 것이다, 그렇게 손 놓고 있어서는 안 된다고 생각합니다.

김태근 :　저는 이명박 정부 하에서 잘 될 것이라고 낙관할 수만은 없
다고 봅니다. 인수위나 여타 과정을 보면 한편으로는 좌충우돌
하지만 신불자 700만 명에 대해서 지원하겠다고 하는 것을 보
면 유연하게 접근하고 있다는 생각이 들고, 따라서 만만치 않
을 것이다... 이명박을 둘러싼 심복들은 예전 우리가 꼴보수로

　　　　　　　　　　　　　　　　　　　　　　좌담 2

생각했던 사람들과 좀 다를 것이다... 그래서 저는 사실 작년부터 공포정치를 주장했던 사람들을 되게 싫어합니다. 이미 우리 사회는 진전된 토대나 시민의식 등이 있기 때문에 함부로 되돌릴 수 없는 것들이 있다고 봅니다. 신자유주의라는 무한 경쟁 체제에 돌입하는 것에 관련해서 여러 가지를 이야기 하는데, 그것이 구체적인 정책, 교육이나 일자리 문제 친기업정서로 나타나게 될 텐데, 이런 것들과 관련된 우리 스스로의 준비 같은 것을 비판적으로 이야기 했던 것은 뭐냐면, 제가 1997년과 2002년에도 민노당과 국민승리21에 표를 던졌지만, 이번 선거에서는 표를 던지지 않았습니다. 저 스스로 전략적 투표를 했다고 생각하는데요. 저는 아까 시사인 이야기하셨듯이 자그마한 싹을 만들 수 있는 힘은 내부적으로 진정성을 만들어내지 않으면 그렇게 얻어지는 반사 이익에 일희일비할 수 있을 만큼 녹녹한 처지가 아니다... 그런 의미에서 보면 저는 언론이나 시민사회 내부에서, 특히 감시비판했던 운동 내부에서, 후보전술과 관련된 문제를 열어놓고 생각해야 되는 것 아니냐, 라고 생각합니다. 중립적이지 않은 적극적 후보 전술이나 정치 참여문제에 대해서도 내부적으로 회원들한테 계속 말을 해야 한다고 생각합니다. 2012년 선거에서도 우리 정책을 지지하는 누구를 지지한다는 것을 가지고 이야기할 수 있어야, 그래야 회원들과 공감하려고 하려고 하는 가치에 대해서 이야기할 수 있는 것입니다. 우리 회원 중에 이명박 지지하는 사람을 어떻게 돌려세우나 이런 생각을 하는 것이 아니라, 우리가 생각하는 가치를

중심으로 해서 다양하게 판단하고, 그런 부분들을 넘어서야 하
는 것이 우리사회나 정치의 발전에 더욱 중요한 것이라고 할
수 있습니다.

배재한 : 우리의 가치, 우리의 정책을 내세워서 그런 것들을 평가받
고, 밀고 나가야 된다고 하셨습니다. 그래서 앞으로 5년 아니
면, 그 이후까지도 계속되는 거지만, 정말 고귀한 가치일수도
있고, 그러한 가치를 시민들한테 내세워서 끊임없이 부단히 실
천하고 주민들의 감동과 관심을 받아내야 한다고 생각합니다.

강미애 : 시민단체가 일에 급급해서 충분한 공유와 공감을 무시하
고 있다고 생각합니다. 우화가 하나 떠오르는데요. 황금알을
낳는 거위 있잖습니까. 하루에 한 알씩 낳는데 그것을 기다렸
다가 꺼내면 되는데 섣불리 황금알이 가득 찼을 거야 해서 배
를 가른다는 거죠. 우리가 대중들을 만나서 빨리 활용해 먹고,
그것이 지금 너무 급박한 것 아니냐... 조금 차분하게 5년의 시
기를 준비해야 하는 것이 아니냐 생각합니다. 앞으로 뼈저린
성찰을 하고, 5년을 차분하게 반성할 시간을 가져야 한다는 것
이지요. 그렇게 되었을 때 일상적인 의식투쟁, 중점투쟁이 있
을 텐데, 그 다음을 어떻게 대비할 것인가 조직 나름대로 목표
점이 있을 것입니다. 차분하게 조직적인 대중사업을 해서 우리
와 뜻을 같이하는 사람들을 많이 만들어내야죠. 그 사람들이
혼자 잘 나가는 것이 아니라 자기 일로 의식할 수 있도록 만들

어내고, 준비를 해 나가는 과정, 이 과정이 바로 아름다운 목표
이고 과정이라고 봤을 때 5년 뒤를 대비할 수 있습니다.

구수경 :　　저희가 이제 보니까요. 연말이 되면 연간사업을 평가를 받
는데요. 4년간 했던 평가를 돌아보니까, 지역조사사업, 주민실
태사업 이런 것은 한 번도 들어 있지 않더라고요. 여성 운동을
한다고 하면서도 실제로 그들이 뭘 원하는지 어떤 상황에 있는
지를 근원적, 추상적으로만 보지 않았나, 그런 생각이 들었습
니다. 거기서부터 다시 해야 한다… 여러 가지 밀려 있는 사업
때문에 가장 가까이 있는 시민들 입장을 감으로만 바라보고 있
지 않았나 생각하고요.

강미애 :　　기본에 충실한 시민단체가 되어야 한다는 거죠.

구수경 :　　예, 맞습니다. 그렇게 시작을 하면서, 그래서 국민들도
53% 찍었으니까 이게 뭐다, 라고 볼 것이 아니라 나머지 35%
사람들과 표를 찍고도 방황하는 사람들을 다시 돌아보는 일을
하려고 합니다.

배재한 :　　저는 이런 말씀을 한번 드려보겠습니다. 사실은 우리 시민
사회 진영들이 정당하고는 조금 다르다. 10 · 26사태 이후에
권위주의 정권이 무너지고, 물론 그 이후에 혹독한 5공정권 탄
생했습니다만, 5공정권 탄생 이후부터 5공정권이 역사의 전면

에서 사라진 이후에, 시민사회세력의 역량과 목소리는 점점 커졌고, 또 그분들이 국민 시민과 함께 빛나는 업적을 쌓아왔다. 어떻게 보면 뒷걸음질, 패배라고 표현하기 그렇지만, 패배가 한 번도 없었습니다. 그래서 어쩌면 자기반성이나 성찰의 시간도 그만큼 없었을 것입니다. 지금 어떻게 보면 혹독한 시련의 기간이기도 합니다. 어떻게 보면 이것이 시민사회세력으로서는 또 한 번 도약할 수 있는 준비가 되지 않겠느냐 생각합니다. 꼭 시민사회 세력과 맞닿아 있고 지향하는 바가 같은 정권이 꼭 있어야 되는가, 그 부분에 대해서는 생각이 다른 분들도 계시지만, 저는 기본적으로 그런 시민사회 세력과 지향하는 바가 같은 시선을 가진 정권이 있어야 시민사회 운동은 증폭되고 그 운동의 효과가 국민과 사회, 시민과 지역주민에게 나타난다고 보고 있습니다. 그렇게 본다면 우리 시민사회 세력들은 지금의 이명박 정부가 시민사회 세력이 지향하는 그런 바를 해주기를 바란다, 그것보다는 우리 시민사회 세력과 더 연대할 수 있고 소통할 수 있는 정부가 들어서길 기다리고, 그런 작업들을 물 밑에서, 정치운동은 아니지만, 시민사회운동으로서 그런 것은 해야 될 때다... 가장 높은 단계에서의 운동을 해야 된다고 생각합니다. 그런 면에서 그분을 찍지 않은 분들과 35%의 기권자분들, 적지만 양심적이고 정의로운 그런 시민세력들이 있다고 봅니다. 아니 훨씬 더 많다고 봅니다. 그렇게 본다면 이 기간이, 지금의 상황이 더 보약일 수도 있고 희망일 수도 있고 활용하기 나름이지 않겠는가 생각합니다.

좌 담 2

강미애 : 지나친 낙관주의도 경계를 해야 되고요. 지나친 비관주의도 경계를 해야 하는데요. 그런 측면에서 이명박 정권 이후에 완전히 쓰러져가는 사람도 있을 거고, 죽어봐야 이명박 정권 맛을 알지, 라고 하는 것은 사실 시민들이 5년 동안 고통을 받아야 된다는 건데요, 그래서 지나친 낙관도 비관도 하지 말고 그렇게 판단하면 안 된다고 생각합니다.

구수경 : 계속해서 패배, 패배 이야기가 나왔는데요. 저는 패배는 현실이라고 생각합니다. 저는 노 정권이 들어서고 나서도 힘들어졌는데 진보진영이라는 시민사회가 민주노동당까지 합쳐서 적아를 만들 필요는 없겠지만, 그렇게 보수, 진보를 본다면 우리 진보조차도 서로 합치하지 않고 헐뜯기만 했던 건 아니냐… 보수가 다시 결집하게 된 것은 보수 아닌 사람도 다 끌어당긴 거거든요. 그런데 우리는, 누구나 평등하고 자유로운 사회를 만들고자 했던 우리 진보가 서로 헐뜯기나 하지 않았나 생각합니다. 너그러움, 포용이 함께 가야 되지 않은가 하는 생각을 다시 한 번 합니다.

2010년 지방 선거를 내다보며

김태근 : 저는 이미 알고 있었던 일이기 때문에 이것을 가지고 낙관도 낙담도 하지 않았습니다. 다른 말씀을 드리면, 제가 처음에 그렇게 말씀드린 것은 시민사회가 빠져 있는 듯해서 다 같이

해야 한다고 말씀드렸는데, 중간에 잠깐 다른 방향으로 흘렀는데요. 저는 무슨 말씀을 드리느냐면, 아까 제가 말씀을 드렸을 때 우리 사회가 어디로 가려고 했던 가가 대선에서 표를 모으고 이런 것들의 결절점이었다면, 지방선거는 또 다르게 봐야 한다고 생각하든요. 예를 들면 부산 지역에 지속 가능한 것을 준비해야 하는데, 못 만들고 있다는 생각이 듭니다. 종합적인 그림들을 못 그리고 있습니다. 당장 이미 2008년 총선에야 현재의 구도에서 크게 벗어나지 않을 테고, 2010년을 바라본다면 저는 아까 말씀드렸듯이 선거에 개입하는 과정과 관련해서, 저희들 스스로가 그림을 좀 그려서 10년 계획이나 그것과 관련된 정책, 그런 것을 가지고 후보 전술을 쓰든 정책 대안을 내든 해야지, 남이 내놓은 정책을 가지고 감 놔라 배 놔라 할 수는 없다는 것입니다. 실제로 그런 것들을 준비할 수 있는 사람들은 일선에 있는 우리가 가장 적합하다고 생각합니다. 전문가들은 용역은 가능하겠지만 우리 관점에서 작업해줄 수는 없습니다. 아래로 내려가는 것과 마찬가지로 그런 노력을 아끼지 말아야 한다고 생각합니다. 어쨌든 선거는 포지션이거든요. 사람이기도 하지만 또 다르게 모든 사람들을 포괄해낼 수 없다면 선거는 한편으로 포지션이고, 아젠다라면, 그런 것들을 준비하기 위한 저희들의 내적인 준비도 게을리 하지 않았으면 좋겠다는 것입니다.

배재한 :   아까 늘 어떤 가치나 정책을 내세운다고 말씀하셨는데, 3

개월 앞으로 총선은 임박해 있고, 또 그것으로 지금 저희 역량이 드러날 수도 있고, 2010년 지방 선거를 바라본다면 조금 전 말씀대로 우리 지역사회, 시민사회에 다양하고 정의롭고 바른 길로 가는 많은 분들이 있다고 봅니다. 그분들만의 목소리가 약한 것만은 아닌데, 아직 그 울림이 크지 못해서 변화를 일으키거나 어떤 일을 완성하는 데 다소 부족하다고 봅니다. 2%가 부족할 수도 있고, 그 이상 부족할 수도 있습니다. 그렇기 때문에 저는 감히, 절망사회에서 희망 찾기를 한다면, 어떤 고도의 정치행위를 하는 것이고, 정치운동을 한다고 봐도 과언이 아닙니다. 2010년을 목표로 둔다면 시민, 사회, 환경, 노동, 교육, 여성 그런 여러 단체들이 연대를 해서, 지금까지 연대를 안 한 것은 아니지만, 또 다른 차원의 연대를 해서, 그 단체가 안고 있는 모든 문제를 우리 모두가 풀어주겠다는 것이 아니라, 그 단체가 안고 있는 가장 절실하고 절박하고, 지역주민들과 연대했을 때 공감할만한 일들의 우선순위를 정해서 한 개씩 모아보고, 또 모아보고, 그것이 열 개가 될 수도 있겠지만, 그것을 간추리다보면 한 개 내지 두 개도 될 수 있거든요. 그렇게 해서, 2010년도 지방선거 아젠다를 미리 설정해서 그걸 가지고 지역민들과 같이 토론하고 소통해야 되지 않겠느냐 생각해봅니다. 그것이 하나의 희망 찾기가 되지 않겠습니까?

김태근 : 예, 저희 같은 데는 울산시 예산에 대해 떠들어봤지만… 작년부터 통합작업을 쭉 하면서 무슨 생각이 들었냐면 저희가 게

속해서 대변하는 방식의 운동을 해왔다는 것이죠. 이런 것들을 넘어서서 지역민들이 필요한 예산들을 요구하는 방식의 이야기를 해야 되지 않느냐 하는 생각이 듭니다.

배재한 : 기존의 정책이나 사업에 대해서도 반대해야겠습니다만, 더 적극적으로, 이런 사업을 해달라고 하고, 이런 아젠다를 설정해서, 이런 부분에 대해서 지역 사회에, 지방정부가, 또 출마 후보자들이, 정당이 관심을 가지고 이것을 정책화해 달라고, 입법화해서 실현시켜 달라는 더 적극적인 운동을 해나가는 것도 필요하지요.

강미애 : 방어적인 감시와 견제의 수동적 운동이 아니라 적극적 운동의 방법으로 이명박 정권 내에서 활동해야 하지 않는가 하고 생각하시는 것 같은데... 주부들 같은 경우에는 놀이터에 모래 갈아주는 걸 지방정부가 조례를 제정해서 해라, 이런 다든지... 자기의 이해와 요구와 여러 가지 처지에 맞는 그런 풀뿌리 실천 주민 운동들을... 스스로 개발이 된다면 조직가가 밀착해서 도와주고 연계하는 사업을 해야 한다고 생각합니다. 부산시의회 방청도 하고 하지만, 방청 가지고는 너무 힘듭니다. 내가 말하고 싶은데 나는 입 다물고 쓸데없는 이야기나 들어야 되고... 답답합니다. 저게 구의원인가. 차라리 구의원 없애버렸으면 좋겠다는 생각도 들더라고요. 말씀하신 것처럼 이런 것들을 위해서 이 지방정부가 이걸 해라 하고 적극적으로

요청하고 반영이 될 수 있도록 하는 것, 그것이 더 좋은 운동이 아닌가 생각합니다.

배재한 : 구의원들이나 시의원들을 비판하면 그분들이 싫어하기도 하고, 비판에 대해서 겸허하게 받아들이기도 하는데, 그런 것도 효과가 있겠습니다만, 어떤 좋은 사업이나 아이디어를 만들어서 실제로 구의원이나 시의원을 찾아가서 이것 필요하지 않겠습니까, 도와주세요, 하면 구의원 시의원들이 더 열심히 도와주는 경우를 봤거든요. 감시와 비판도 굉장히 중요합니다. 그게 기본입니다. 하지만 그 기본을 뛰어넘어서 좀 더 적극적으로 지역주민의 요구를 가지고 기초지자체나 단체장, 아니면 기초의원들을 찾아가고, 광역단체장들을 찾아가서 문제제기하고 해줄 수 있게, 성과를 받아낼 수 있게 하는 부분들도 소중하다고 생각합니다. 저희들의 시민사회운동도 그런 단계에 접어들어야 되지 않나 생각합니다.

구수경 : 지금까지는 사실 견제, 감시, 비판, 이런 것들을 주로 했었는데 실제로 보면, 시에 있는 각 부서들이, 여성단체 같은 경우는 저희 여연 쪽에 있는 단체들이 함께 일하기가 좋다고 보고 파트너를 하고 있거든요. 그런데 그들이 그렇게 하는 이유가 뭐냐면 훨씬 더 성과가 좋기 때문이거든요. 우리가 좋은 정책을 제시하면 그들은 바로 자기 성과와 관련하여 업적이 될 만하고 내용이 좋겠다는 판단을 분명히 할 수 있다고 보거든요.

그러니까 우리가 더 많은 계발을 해서 더 많은 정책을 제안을
할 수 있어야 한다고 생각합니다.

배재한 : 이 토론도 종착역으로 치닫고 있으니까 제가 예를 한 가지
들겠습니다. 과연 저는 정동영 대통합민주신당 후보가 BBK 문
제에 집착하지 않고(네거티브 전략 안 하고), 자신의 목소리로,
자신의 정책과 대통합민주신당의 후보로서 국민을 상대로 이
런 걸 하겠다고 했더라면 과연 정동영 후보가, 뭐 이기기는 쉽
지 않았겠지만 저렇게 많은 표차로 졌을까 하는 생각을 합니
다. 아까 가치와 정책을 가지고 지역주민들한테 아젠다를 띄우
고, 그것을 실천하기 위해 애써야 되고, 그걸로 평가를 받아야
된다... 또 그것을 실천하기 위해서 우리 시민사회운동이 매진
해야 된다...라고 하시니까 그런 생각이 듭니다. 정동영 후보가
대선후보가 되고 그 다음날 국민들은 집권여당의 대선후보로
서 뭔가 아젠다를 제시하거나 공약을 제시해서 호소력 있는 말
을 할 줄 알았는데, 들고 나온 이야기는 BBK와 진보진영 후보
단일화였습니다. 그러니까 이인제 후보와 창조한국당 문국현
후보, 심지어 민주노동당의 권영길 후보까지 단일화를 이뤄내
겠다고 했습니다. 근데 저희들이 봤을 때는 단일화가 될 수가
없고, 또 단일화해서는 안 될 후보가 분명히 있었습니다. 그런
점에서 저는, 짧은 식견입니다만, 유권자의 한 사람으로서 정
동영 후보가 낙마할 수도 있겠다, 안 될 수도 있겠다, 생각했는
데... 단일화하면 후보가 아닌데 그분들이 어떤 말을 한들 유권

                                                      좌담 2

자들에게 무게가 실릴 것인가 하는 생각이 들었습니다. 그래서 시민사회진영에서도 어떤 가치를, 어떤 아젠다를 설정하고 거기에 시민들의 관심을 유도하고 또 이루어내기 위해 활동하느냐 그게 굉장히 중요하다고 생각합니다.

김태근 :　　정동영 후보만 이야기를 드리면, 수락 연설 때 엄청 좋은 이야기를 많이 했습니다. 노무현 정부에 대한, 어찌됐든 자기 반성의 선거 전략이 필요했다고 보면, 수락 연설 때 차별 없는 성장이야기를 했었고, 교육 정책과 관련해서는 대학입시 폐지 이야기도 했었거든요. 하여튼 정동영 캠프에서 대입 폐지를 들고 나오니까 민주노동당이 사실 대학평준화는 이야기 안 하다가, 그쪽에서 세게 나오니까 공약으로 채택했던, 이상한 것들이 만들어졌는데... 그런 것처럼 사실은 이야기할 수 있는 여러 가지 정책들이 있었는데, 한방 블루스에 너무 매달렸다... 뭔가 희망의 싹들을 발견하려고 했는데, 전해주는 메시지가 없었죠. 또 다르게 어떤 가능성이 보이지 않았기 때문에 이렇게 왔다고 생각합니다. 그런 것을 가지고 차근차근 준비한다면 전 가능하다고 생각합니다. 충분히 그 가능성들을 만들 수 있는 짬밥들이 있다고 생각하고, 물론 농담 삼아 그러더라구요. 참여연대와 참여정부는 맨날 고향에만 가면 니네는 "야, 돈 많이 받제"부터 시작해서, 뭐 이런 것들로부터 자유로울 있다는 것만으로도 저희는 할 일이 되게 많습니다.

배재한 :　　　시민사회 운동이 법을 뛰어넘고 국민의 가치를 뛰어넘을
수는 없습니다. 안 되는 걸 가능하게 만드는 마력을 가지고 있
는 것도 아닙니다. 그렇지만 불가능을 가능한 것처럼 할 수 있
는 것도 시민사회단체이고 정치라고 보거든요. 그래서 법으로
안 되는 부분들이 정치와 혁명을 통해서 해결되는 것을 저희들
이 얼마나 많이 봤습니까. 대통령의 통치행위만 봐도 대다수의
헌법 학자들은 법을 뛰어넘는 대통령의 통치행위를 인정하고
있습니다.

　가령 지금 저렇게 오랫동안 싸우고 있는 KTX 여승무원 문
제에 대해서 물었을 때 정동영 후보는 확답을 안 했습니다. 불
법적인 부분도 있고, 합법적인 부분도 있고 애매모호합니다.
최근 법원들은 종국적으로는 불법이라고 했지만, 상당한 불법
의 원인 제공자가 KTX라고 했습니다. 그렇게 해서 나중에는
다른 식으로 정규직으로 편성하겠다는 답이 나왔습니다. 정동
영 후보가 왜, 내가 대통령 되면 KTX 문제 6개월 안에 해결하
겠다, 그런 말을 못했는지… 국민들이 그렇게 사오정으로 고통
받고 있는데, 내가 대통령되면 대기업은 자율적으로 하겠지만
300인 이하 중소기업이 자율로 정년을 연장하면 그 비용의 절
반을 국가가 대주겠다든지, 아니면 임기 동안 비정규직은 최소
한 없도록 만들겠다든지, 저는 대통령으로서 그 돈을, 10조원,
100조원 들어가는 돈도 아니었고, 얼마든지 마련할 수 있는 여
력이 있고, 우리 사회가 정말 목말라하고, 갈구하는 국민들이
있는데도 정말 절박하고 가슴에 와 닿는 공약이나 정책은 제시

못하더라고요. 그래서 저는 우리 시민사회운동 하시는 분들이 적게도 몇 년, 많게는 10년 이상, 20년 안팎으로 지역사회에 뿌리를 박고 시민사회운동을 해오셨으니까, 어떻게 보면 때로는 지역주민들이나 시민들의 요구나 간절한 바람들을 제대로 읽지 못한 측면도 없잖아 있을지 모르겠지만, 저는 그분들이 가장 잘 안다고 생각하거든요. 시행착오도 많이 겪었고 또 어떤 성과를 이뤄낸 경험들이 있기 때문에, 그런 분들이 이번에 이런 것들을 보면서 성찰과 반성의 시간을 가진다면, 충분히 시민사회세력, 엔지오들이 지역민들로부터 다시 사랑과 신뢰를 받는 그런 날이 오리라고 봅니다.

강미애 : 저는 한편으로는 약간 힘든 국면으로 1년이 갈 것 같다는 느낌이 드는 게 뭐냐면… 우리가 지금 총선이 있는데, 이때 이명박 쪽의 논리가 참여정부에서도 국회를 이 정도로 뒷받침 안 해주면 안 된다. 그러니까 총선에서 확실히 승리해야 된다. 그러니까 이명박 지지했던 사람들은 또 한 번 총선에서 승리해서 흥행에 성공하려고 하는데, 참여정부에서 법적으로 규제를 많이 해놨잖아요. 근데 이 틀을 엎어야 이명박 정부의 논리가 씨알이 먹히기 때문에 법을 바꿔야 됩니다. 그럴 때 우리 진영에서 적절하게 대응하지 못한다면 이걸 풀어놨을 때 우리가 감당할 수 있겠느냐 하는 생각이 듭니다. 총선에 어느 정도 우리 시민진영을 대변할 수 있는 사람들을 내놓지 않으면 어어~ 하고 밀리는 것이 아닌가 합니다. 아까 너무 낙관적으로

또는 너무 비관적으로 생각하지 말자고 했지만 사실은 비관적
이라는 것이죠. 잠을 못 잘 정도로. 국민을 기만하면서 인수위
가 이런 식으로 나간다면... 여론 수렴이라는 것이 뭐냐... 여론
을 수렴해서 반영하겠다는 것인데 이명박 정부의 의견수렴은
아, 그런 의견들이 있네, 하고는 반영을 안 한다는 거죠. 우리
지자체장이 하는 수법으로 그냥 이런 일부 반대의견이 있었음
하고 그냥 추진하려고 한다는 것이죠. (통과의례로). 이 딜레
마에 빠지면 어어어~ 이러다가 집회 몇 번하고 끝날 수도 있
다는 것이죠.

양보할 수 없는 가치에 대해서는 시민사회가 꼭 지켜내야 한다

배재한 :   정말 시민사회세력의 간절하고 절박한 요구, 시민들의 그
런 최대공약수를 뽑아보는 것도 중요하고, 그 다음으로 중요한
것이 선택과 집중이라고 봅니다. 만약에 김용철 변호사가 없었
다면 삼성 비자금이 폭로되었겠습니까. 저는 그 분을 시민사회
가 적극 지켜줘야 한다고 생각합니다. 근데 지금 우리 사회가
어떻습니까. 정말 비열한 놈, 쓴물 단물 다 뽑아먹고 돌아서서
등에 칼 꽂는 놈. 삼성에서 몇 십 억 받고 있을 때는 안 하고 왜
그만두고 하느냐, 그런 논리가 일정 부분 먹혀 들어가고 있거
든요. 그런 부분을 지켜주는 게 중요하다고 생각합니다.

　　11월 17일 김용철 변호사가 기자회견을 한 이후로 한겨레
와 경향신문에 삼성관련 광고가 단 한 줄도 안 나옵니다. 한겨

레신문이 일 년 동안 삼성으로부터 받는 광고비가 60억에 육박한답니다. 60억이라는 것은 엄청납니다. 한겨레신문 매출액은 1,000억도 안됩니다. 800억 안팎인데 그중에서 삼성이 60억을 차지합니다. 지금 한겨레신문이 비상 경영체제에 돌입했습니다. 편집국장이 최근에 칼럼을 썼는데, 우리 한겨레신문이 대단히 어렵지만 결코 굴복하지 않고 언론으로서 본연의 역할에 최선을 다할 것이다, 우린 견디겠다, 그렇게 썼거든요. 우리 사회가 언론의 자유 등 결코 양보할 수 없는 가치에 대해서는 시민사회가 꼭 지켜내야 한다고 생각합니다.

예를 들어서 이번 태안 사태를 봅시다. 저는 태안에서 희망과 절망을 동시에 봅니다. 그 이유는 수십만 명의 자원봉사자입니다. 자원봉사자가 100만 명이 넘었다는데 그것은 대단한 희망입니다. 중앙일보가 작년도에 올해의 인물로 태안 자원봉사자들을 뽑았습니다. 그 이면에는 엄연히 삼성이 있습니다. 지금 현재 비자금 문제도 있고, 삼성중공업이 그 크레인 선을 싣고 가다가 사고를 내지 않았습니까? 제가 볼 때는 항해 일지도 조작하고, 정말 범죄 이상의 짓을 하고도 사과 한마디 안 하고 있습니다. 언론에 한 줄도 안 나옵니다. 우리가 이런 시대에 살고 있습니다. 그래서 저는 시민사회세력들도 진짜 선택과 집중을 통해서 지켜나가야 할 가치를 지키기 위해 다 걸기를 해야 되지 않나 하는 생각입니다.

강미애 : 우리가 시민사회 진영이라고 스스로 이야기했을 때, 어떤

사안이 발생했을 때, 그 진영이 의사소통 구조에도, 어떤 사안
이 있을 때 이렇게 모이는 건데... 어떻게 보면 지금이 거의 전
시 체제에서 상호 의사소통을 할 수 있는 논의구조가 있어야
되지 않을까요. 누가 제안을 하든, 그러니까 경부운하 사안이
다 하면 모이는 단체가 있어요. 또 무슨 사안이라고 할 때 모이
는 단체가 있고 하는데, 의사소통 할 수 있는... 지금 우리가 이
런 구조로 만났지만, 각자 뭐하는지 잘 모르고 있다가 의사소
통을 하고 있는 거잖아요. 고민은 어디든 비슷하고...

배재한 :   그런 시기가 지금이라고 생각합니다. 왜냐하면 과거 전두
환 대통령 시절 국민의 직선제 요구에 대해서, 정당뿐만 아니
라 시민사회단체, 종교단체, 대학교수까지 다 참여했습니다.
그러다가 전두환 대통령이 87년에 호헌을 선언하고 간선제 헌
법으로 대통령 선거를 치르겠다고 했는데, 시민사회, 교수, 학
생, 정당 할 것 없이 호헌철폐를 외치면서 거리로 나섰습니다.
지금 상황은 그런 거대한 목표가 있어서가 아니라 우리 시민사
회세력들이 소통하고 연대할 수 있는 그런 틀을 마련해야 된다
고 생각합니다. 그런 역할은 시민사회 계시는 분들이 자기 본
연의 역할과 활동뿐만 아니라 종적, 횡적 연대를 지금 고민해
야 할 때가 되지 않았는가 하고 생각합니다. 환경단체, 여성단
체, 언론단체, 노동단체, 시민단체도 마찬가지로 그 어느 때보
다도 절박한 상황입니다. 그래서 모든 걸 다 할 수는 없겠지만,
최대공약수를 고르고 선택과 집중을 한다면 일정 부분 성과를

이뤄낼 수 있지 않겠느냐 하는 생각을 합니다.

강미애 :　근데 조금 달라진 국면이 뭐냐면, 이전의 386세대라고 하는 40대, 그 40대가 예전에 여러 가지 자각으로 진보층을 대변할 수 있었고, 이 사회를 건강하게 하려고 했는데, 그런 40대 중반들이 지금 보수로 많이 가고 있다는 겁니다. 나이가 가지는 한계와 전체 사회 국면에서 가지는 한계 때문에 많이 보수화되고 있다는 거죠. 그럼 보수로 돌아가는 것을, 우리 건강성을 어떻게 자정작용할 것인가. 학생 때도 정권에 대해 많은 고민을 했듯이, 지금도 마찬가지로 우리 사회가, 우리가 기성세대지만 조금 더 고민을 하고 살아야 할 운명의 세대라고 한다면... 우리가 보수로 자꾸 가고 있는 것... 시동생 예를 들었지만, 시동생이 학생 때 활동하고, 소위 6월항쟁 때 카톨릭센터 점거농성을 하고 해서 사회민주화를 위해서 울부짖었던 사람이 지금 자기가 부동산을 가지고 있다고 규제를 풀어야 되고, 내가 잘 먹고 잘 살겠다... 이런 사고방식을 가진 사람이 됐는데... 이런 사고방식이 나쁜 건 아닌데... 잘 먹고 잘 살기 위해 몸부림치는 사람들의 건강성을 어떻게 회복할 것인가. 그리고 우리가 건강해야 자녀를 키울 때 가정은 교육의 최첨단기지기 때문에 이 아이들에게 우리의 이야기를 해주고, 우리가 꿈꾸는 세상을 이야기해줘야 이 아이들도 계속 그런 세상을 꿈꿀 것이라고 생각합니다. 그런데 아무도 그런 것을 안 하고 우리 세대는 고립되어 있다는 것이죠. 진보는 진보대로, 보수로 가는 사

람들은 그 사람들대로 가버리고...

배재한 : 그래서 제가 제안 겸 느낀 바를 말씀드리면, 아까 시민사회 진영이 보수화되어 있고 권력화되어 있다는 이야기를 했는데... 그 부분을 우리가 한번쯤 다시 생각해보자는 것입니다. 그래서 저희들이, 정치하는 분들은 일단 놔두더라도 시민사회에서 활동하시는 분들이 지금도 한없이 겸손하게 섬기고 있지만 저는 더 그렇게 해야 한다고 생각합니다. 왜냐하면 그분들이 좀 더 유연해져서 영역을 넓혀 나가야 됩니다. 지금까지 우리가 진정성을 가지고 섬기고 겸손하게 활동을 해서 100의 사람을 포용할 수 있고 감동을 줬다면, 더 겸손해지고 더 진지해지고 더 섬겨서 110, 120, 130을 포용해야 한다고 생각하거든요. 그래서 좀 더, 때로는 양보할 수 없는 그런 가치도 상대방 입장에 서서 배려하고 경청해서 우리 뜻을 전달하고, 그분들 말씀을 들어서 그분들도 우리 쪽에 이해를 가지고 동화될 수 있도록 했으면 좋겠습니다.

제가 최근 국회에 가서 참 국회라는 것은 정말 권력기관이구나 하는 것을 절감했습니다. 거기에 계시는 비서관이나 보좌관 분들도 결코 거기에 못지않은 분들이라는 것을 많이 느끼고 왔습니다. 저도 그런 생각을 하고 돌아왔는데 일반 시민이나 국민들은 오죽하겠습니까? 언론노조 수석부위원장이라든지 지역의 언론 노조위원장 몇 분이 사전에 약속을 하고 찾아갔는데도 우리한테 보이는 행태는... 우리한테 그렇게 하면 일반 국민들이나 정말 절박해서 찾아오는 그런 분들한테는 어떻게 대할까 하는 생각을 많이 했습니다. 이때까지 국회의원을 기자 입장에서 취재할 때만 만났는데 우리가 을의 입장에서 찾아갔을 때의 느낌은 정말 달랐습니다. 한나라당이나 열린우리당 국회의원은 더 했고, 민주노동당도 결코 못지않았습니다. 제가 느낀 점은 국회의원 분들은 선거 때 하루만 유권자 아래 있는 분들이지 당선된 다음부터는 감히 범접할 수 없는 분들이다...

구수경 : 시민단체 활동가들도 부지불식간에 그렇게 하고 있는 것 같아요. 태도가 너무 건성이고... 시민에 근접한 조그만 단체에서도 선생님, 소장님이라고 부르는 위치에서 대상자를 대하는 태도가 달라진 것 같아요. 저 나름으로서는 낮은 자세를 한다고 하지만 듣는 분들은 아닐 거예요. 조금 더 다른 자세를 하지 않으면 안 된다는 것이죠. 정말 친정어머니를 맞이하는 자세로 하지 않는다면... 누구나 다 아파서 오는 상담소, 혹은 환경단체, 우리 마을의 문제를 해결하려고 오는 사람은 심사숙고해서 오는 건데, 그분들이 왔을 때 정말 가서 안아주듯이 반기지 않는다면 다시 올 수도 없고 이야기가 될 수도 없다고 생각합니다. 그게 진정성이라고 생각합니다.

배재한 : 제가 한 가지 더 예를 들겠습니다. 월마트에 사원행동강령이 10가지가 있습니다. 그 중 두 가지를 기억하고 있는데요, 고객은 100% 옳다는 겁니다. 그 다음 하나는 고객을 서서 받지

말라는 겁니다. 고객이 오는 것이 보이는데 서서 받지 말고 다가가라는 겁니다. 제가 언론관련 일로 최근 국회를 찾았다 국회의원은 만나지 못하고 보좌관 밖에 만나지 못했습니다. 사전에 약속을 하고 찾아갔는데 가지고 온 문건과 공문을 두고 가세요, 알겠습니다, 읽어보고 연락하겠습니다 하는 대답을 듣고 돌아올 수밖에 없었습니다.

구수경 :　　한나라당 국회의원들이 그랬다면 그러겠지요, 한나라당 원래 저렇다. 그래서 혼자 분해하고 말겠지만 민주노동당이 그렇게 한다면 그게 100표가 떨어진다는 거지요. 거기 갔다 온 사람이 여기저기 일파만파로 퍼뜨리는 것이죠. 그 표가 무시 못 하는 거예요. 그러니까 우리의 겸허한 자세가 필요하다는 거죠.

배재한 :　　월마트의 강령이 고객은 100% 옳다는 거라고 말씀드렸는데, 물론 고객 중에는 100% 옳지 않을 수도 있지요. 그럼에도 불구하고 100% 고객은 옳다는 거죠. 마찬가지로, 사회운동을 하겠다고 하고, 작지만 이 세상을 바꿔보겠다는 큰 뜻을 품고 시민사회단체나 정당에서 국민의 눈물을 닦아주겠다는 사람들은 때로는 주장이 틀렸을지 모르겠지만 그분들을 맞거나 경청하는 데 있어서는 혼신의 힘을 다해야 하고, 따뜻하게 보내줘야 되지 않느냐 하는 생각을 합니다. 그렇게 했다면 정당이, 시민사회가 그분들이 제안한 내용을 반영하지 못했다 하더라도 등을 돌리지는 않았을 겁니다.

　　　　　　　　　　　　　　　　　　　　　　　　좌담 2

강미애 :　　　그런 의미에서 저희단체는 대안으로 몇 년 전부터 은행 창
구처럼 사무실을 개조해서 쓰고 있습니다. 오시는 분들은 다들
이야기하려고 오시는 분들이 아니냐... 은행은 고객이 왕이기
때문에 웃는 얼굴로, 책상도 걸림돌 없이 다 보이도록 하고 있
거든요. 고객이 들어오면 책상도 낮아서 얼굴 보며 인사할 수
있게끔 되어 있거든요. 민원창구 개선해라 하는 것처럼 우리도
대중단체로서 찾아오는 대중을 소중하게 맞아야 한다고 생각
해서 책상도 바꾸었습니다. 2007년도 사업평가를 하고 2008년
도 계획을 세우면서 화두가 뭐였냐면, 예전에 386 세대 사람들
이 계속해서 시민사회활동을 하다 보니까, 이 사람들이 늙어서
노후화되는 것처럼 40이 다 넘어가니까 관성이 붙어서, 으레
이때쯤 되면 뭐하고, 뭐하고... 언론하고 간담회해야 되고 뭐해
야 되고... 하는 식으로 너무 관성화되어 있다... 스스로도 구태
의연하게 사업을 진행하고 있는 것이 아닌가 하는 반성을 많이
했거든요. 결론은 이런 관성에서 벗어나서 창의력 있게 일하지
않으면 도태될 수밖에 없다. 시민사회단체가 영향력을 갖지 못
하면 필요가 없어지는 거잖아요. 그러면 그 영향력은 어떻게
갖느냐. 많은 사람들이 함께 활동하는 것이라고 봅니다. 각계
각층에서 시민들과 함께하려는 노력을 한다면 우리도 향후 몇
년 후에는, 10년, 20년 후에는 시민 사회가 정권을 잡을 수도
있는 것 아니겠습니까. 그래서 미래를 내다보고 철저히 준비한
다면 대비할 수 있다고 생각합니다.

배재한 :　마무리로 김 처장님께서 한 말씀 해주십시오.

김태근 :　90년대 후반부터 운동사회 내에서 소통에 전제가 되는 몇 가지가 있을 텐데요. 차이와 다름에 대해서 어떻게 생각하느냐, 이런 이야기를 많이 하는데... 정말 우리 스스로 다름에 대해 얼마만큼 인정하는지 되짚어봐야 합니다. 한겨레신문에 교원평가와 관련된 칼럼이 실렸는데 전교조 교사들이 광분을 하셔서, 끊겠네, 말겠네 했다는 거죠. 자기 이해관계에 대해서는 증폭이 너무 큽니다. 사실 그건 굉장히 단편적인 문제잖아요. 그런데 이걸 자기문제와 등치시키는 순간 민감하게 반응한다는 거죠. 그 문제도 길게 보면 차이와 다름을 인정하는 것이라 생각합니다.

더 중요한 것은 시민사회 내부에 후배들이 있는가, 이런 고민들이 정말 많거든요. 말씀하셨듯이 80년대 후반부터 90년대 중반까지 뛰어들었던 사람들이 대충 80년대를 살았던 사람들인데... 요즘 새롭게 들어오는 친구들은, 학생운동이 없으니까 뭐 이런 친구들이 들어와 있는데, 정말 고민을 나누기가 쉽지가 않습니다. 정말 어떻게 재생산 구조를 만들어야 할지, 새로 들어온 친구들과 어떻게 교감해야 될지 이런 것들이 어쩌면 숙제인 것 같아요. 그런 의미에서 보면 차라리 기존 회원을, 그동안 가졌던 관계를 통해서 발굴되는 분들을 상근자로 쓰는 게 훨씬 낫다는 생각이 들었습니다. 처음부터 가르치려니 힘들기도 하고...

　　　　　　　　　　　　　　　　　　좌 담 2

배재한 : 시민사회도 보면 나름대로 그런 고충도 있습니다.

강미애 : 회원이 상근자가 되는 게 제일 좋지요.

배재한 : 아무튼 지난 대선 이후, 절망사회로부터 희망 찾기라는 그런 프로그램으로 이미 한 차례 정치 관련 분야에서 토론을 하셨고, 또 정치를 제외한 나머지 부분에 대해서 충분히 토론을 하진 못했다고 생각하지만, 대충 짚어야 할 부분들에 대해서는 상당 부분 언급했다고 생각합니다. 저는 이것이 시민사회가 시민의 생활과 밀접한 절실한 문제, 최대공약수를 찾고, 소통과 커뮤니케이션의 연대를 통해서 새로운 출발을 해야 될 때라고 생각합니다.

그래서 우리가 사색과 반성과 성찰을 통해서 하나하나 짚어나간다면 오히려 지금 상황이 어떻게 보면 우리가 정말 한 단계 더 성숙할 수 있고, 시민들, 국민들로부터 시민사회단체가 정말 절실하게 필요한 존재라는 것을 다시 한 번 인식할 수 있는 기회가 되지 않겠는가 하고 생각합니다.

모두 : 네, 수고하셨습니다.(박수)

정귀순

1960년 부산 출생. 전 노동자교육협회 대표를 지냈고, 1997년 부산민주항쟁기념
사업회 민주시민상 수상했다. 현재 외국인노동자인권을 위한 모임 대표, 아시아
평화인권연대 공동대표이다.

이주민과 더불어 살기,
돌아보기와 내다보기

• 정귀순 • 외국인노동자 인권을 위한 모임 대표

한국사회의 이주, 그 새로운 현상

지난해 8월 한국에 체류 중인 외국인의 수가 드디어 100만 명을 넘어섰다. 이는 전체 주민등록인구의 2%를 차지하는 수이다. 최근 10년 사이 한국사회에서 이주민의 문제는 아주 새로운 사회적 이슈로 부각되고 있으며, 또 역동적으로 진행되고 있다. 그 주요 현상들은 크게 세 가지 측면에서 볼 수 있다.

첫째, 과거 근대화과정에서 독일에 광부와 간호사를, 베트남전에 군인을, 중동지역에 건설노동자를 보내 근대화 과정에서 달러를 벌어들였던 전형적 인력송출국이었던 한국이 일본과 더불어 아시아지역 대표적인 인력송입국으로 전환하였다는 점이다. 1991년 '외국인산업기술연수생' 이라는 이름 아래 공식적으로 한국인들이 일하기를 기피하는 소위 3D업종에 이주노동자들의 도입이 시작되어 그 수는 꾸준히 늘어나 2007년 말 현재 약 42만 명의 이주노동자들이 국내 취업 중이다.

둘째, 2000년 이후 국제결혼의 급속한 증가로, 2006년 전체 결혼 100쌍 중 12쌍이 국제결혼을 하여(11.9%) 현재와 같은 추세라면 2020년에는 국제결혼이민자 2세만 167만 명으로 전체 아동인구의 20%를 차지하게 될 예정이다. 결혼이민자의 급증은 이들의 사회 적응과 통합의 문제, 그 자녀의 문제가 새로운 사회문제로 등장하고 있으며, 군사독재정권 이후 한국사회의 강력한 이데올로기로 작용했던 '단일민족 이데올로기' 는 강한 도전을 받고 있다.

셋째, 이런 사회적 변화는 그동안 '몰이해와 동화' 의 관점으로 일관했던 한국 내 화교들의 문제에 대한 반성과 재조명, 그리고 북한의 심각한 식량난 이후 중국 및 제 3국으로 탈북한 후 한국유입이 지속적으로 늘어났지만 정치적인 측면에서만 다루어지던 새터민(북한이탈주민)의 문제를 이주민의 측면에서 새롭게 접근하고 있다는 점이다.[1]

이처럼, 바야흐로 한국사회는 다민족·다인종 국가로서 이주민과 더불어 살아가는 사회를 향한 새로운 모색을 시작하고 있다.

---

1 북한이탈주민은 난민의 성격, 이주노동자의 성격, 이산가족의 성격 등 복합적인 성격을 가진 이주민으로 볼 수 있다.

정 귀 순

한국사회와 이주노동자

한국사회는 1902년 12월 121명으로 구성된 최초의 조선인 미주이민단이 하와이 사탕수수밭으로 이주한 것을 시작으로 멕시코의 커피농장, 그리고 1910년 일본제국주의의 침략 이후 탄압을 못 이겨 만주와 사할린으로 이주해 간 동포들이 지금도 조선족, 고려족이라는 이름으로 민족을 유지하며 살아가고 있으며, 1960년대와 70년대는 독일에 광부와 간호사를, 베트남전에 군인을, 중동지역에 건설노동자를 보내 근대화 과정에서 달러를 벌어들였던 전형적인 인력수출국이었다.

그런 한국사회에서 이주노동자의 존재는 일제강점과 한국전쟁으로 피폐해졌던 한국사회의 성공적인 경제성장을 상징하는 것이기도 하다. 그러나 정작 이주노동자의 존재가 한국사회에 인식되기 시작한 것은 이들의 비인간적인 노동현실과 심각한 인권실태가 사회적으로 알려지면서 부터이다.

1994년 산업재해를 당하고도 제대로 치료나 보상을 받지 못한 이주노동자들이 시민단체인 〈경제정의실천연합〉 강당에서 산재보상을 요구하면서 벌인 농성에 이어 1995년 1월 명동성당 앞에서 네팔 출신의 연수생 13명이 "때리지 마세요", "우리는 노예가 아닙니다"라고 외친 사건은 이주노동자의 열악한 삶과 심각한 인권현실을 드러내면서 한국사회에 큰 충격을 주었다. 대다수의 한국인들은 1987년 민주화투쟁과 노동자대투쟁 이후 노동자들의 열악한 노동조건이나 비인간적인 노동현실이 많이 개선되었으리라 생각하고 있었지만, 그것은 사라진 것이 아니라 사람만 바뀐 것이었다. '한국인 노동자'

에서 가난한 동남아시아 출신의 '이주노동자'로 말이다.

이처럼 이주노동자들이 직면해야 했던 열악한 노동환경과 인권현실의 원인은 크게 세 가지로 지적될 수 있다. 첫째는 '값싼 노동력 공급'이라는 측면에만 매몰되어 '노동자'로서 가져야 할 정당한 지위와 권리를 인정하지 않고 이주노동자에 대한 차별과 인권침해를 용인한 한국정부의 외국인력 정책과 제도의 문제였고, 둘째는 이주노동자와 국적을 뛰어넘어 연대의 전략을 세우지 못한 한국 노동운동의 문제, 마지막으로는 이주노동자를 문화와 인격을 가진 대등한 인간으로 이해하기보다 상대적으로 경제적 수준이 낮은 나라에서 온 사람이라고 해서 쉽게 무시하고 차별하는 낮은 사회적 인식의 문제이다.

한국사회와 결혼이민자

통계청에서 발표한 자료에 따르면, 2006년 한 해 동안 한국인의 전체 결혼 100쌍 중 12쌍(혼인 332,752건 중 39,690건으로 11.9%)이 국제결혼을 하여, 2005년의 13.6%에 비하면 조금 줄어들었지만 1990년 100쌍 중 한 쌍에 불과했던 것에 비하면 큰 폭으로 늘어나고 있다. 이주노동자 유입과 함께 남성 이주노동자와 한국인 여성 간의 국제결혼도 꾸준히 늘어나고 있지만, 2000년 이후 빠른 속도로 늘어나기 시작한 국제결혼의 70% 이상은 결혼중개업체를 통한 한국인 남성과 이주여성의 결혼이다. 그러나 동시에 지난해 전체 이혼 수의 감소에도 불구하고 국제결혼 가족의 이혼은 크게 증가(46.8% 증가)하여 이

정 귀 순

들의 삶이 순탄치 못함을 보여주고 있다.

〈표 1〉 국제결혼 건수와 비율

(통계청 / 건, %)

연도	총 결혼건수	국제결혼	외국인 아내	외국인 남편
1990	399,312	4,710 (1.2)	619 (0.2)	4,091 (1.0)
1995	398,484	13,494 (3.4)	10,365 (2.6)	3,129 (0.8)
2000	334,030	12,319 (3.7)	7,304 (2.2)	5,015 (1.5)
2001	320,063	15,234 (4.8)	10,006 (3.1)	5,228 (1.6)
2002	306,573	15,913 (5.2)	11,017 (3.6)	4,896 (1.6)
2003	304,932	25,658 (8.4)	19,214 (6.3)	6,444 (2.1)
2004	310,944	35,447 (11.4)	25,594 (8.2)	9,853 (3.2)
2005	316,375	43,121 (13.6)	31,180 (9.9)	11,941 (3.8)
2006	332,752	39,690 (11.9)	30,208 (9.0)	9,482 (2.8)
1990~2005	2,690,713	165,257 (4.1)	178,299 (2.7)	45,369 (1.4)

〈표 2〉 2006년 여성결혼이민자 출신국 현황

(법무부 / 건, %)

출신국	인원수	출신국	인원수
중국	14,608 (48.4)	캄보디아	394 (1.3)
베트남	10,131 (33.5)	미국	334 (1.1)
일본	1,484 (4.9)	우즈베키스탄	314 (1.0)
필리핀	1,157 (3.8)	기타*	1,192 (3.9)
몽골	594 (2.0)	계	30,208 (100.0)

* 기타: 구소련, 동유럽, 아시아 저개발국, 아프리카, 중남미, 선진국 등 포함

최근 한국사회에서 국제결혼이 급증하게 된 이유는 크게 세 가지로 볼 수 있다.

첫째, 여성결혼이민자 출신국의 약 90%가 한국에 비해 상대적으로 경제적 수준이 낮은 아시아 국가로, 이들이 자기 나라를 떠나는 근본적인 이유는 가난이다. 이주노동자로 해외취업의 길에 나서는 것보다 국제결혼을 하는 것이 비용이 훨씬 덜 들기 때문에 빈국의 저소득층에 속하는 젊은 여성들이 결혼이민자가 되고 있다.[2]

둘째, 한국사회에서는 이미 수십 년 전부터 남아선호사상의 결과 결혼시장에서 남녀 성비 불균형이 심화되고 있으며, 사회전체의 고학력화 추세, 여성의 경제활동참가율 증대, 그로 인한 결혼연령의 상승이 연쇄적으로 이어지면서 만혼화 현상이 두드러지고 독신자 비율이 증가하고 있다.

셋째, 이런 현상을 최대한 이용한 것이 바로 결혼중개업소들로, 내국인 간의 결혼중개업이 어려워지자 국제결혼사업에 뛰어들어 결혼중개업소들이 우후죽순처럼 생겨나 호황을 누리고 있다.

이처럼 최근 몇 년 사이 국제결혼이 급증하고 있지만, 한국사회의 법과 제도, 이들에 대한 사회적 인식은 따라가지 못하고 있다. 그 결과 결혼이민자 특히 압도적 다수를 차지하고 있는 여성결혼이민자는 한국사회에서 외국인으로서, 또 여성으로서 이중의 차별과 고통을 받고 있을 뿐 아니라, 그 자녀들의 경우 부모로부터 이어지는 차별과

---

2 설동훈 외, 2005 『국제결혼 이주여성 실태조사 및 보건 · 복지지원정책방안』, 보건복지부 연구용역보고서 p.8

편견 속에서 고통 받고 있어, 온 가족이 행복한 삶으로부터 점점 더 멀어지는 결과를 초래하고 있다. 따라서 한국사회가 결혼이민자들과 사회적 통합을 제대로 이루지 못한다면, 이는 시간이 지날수록 사회의 갈등요인이자 큰 부담으로 남게 될 것이기 때문에 지금 시점이 더욱 중요하다.

노무현 정부 돌아보기

그동안 이주노동자 및 결혼이주민들의 인권을 위해 활동해온 시민·사회·인권단체들은 정부에 이주민정책과 관련하여 근본적인 인식전환을 요구해왔다. 노동력 중심의 사고에서 '이주민' 전체로 인식 전환,[3] 관리와 통제 위주의 경직되고 배타적인 외국인 정책에서 '사회통합성'을 높이는 유연한 정책으로 전환, 국익 운운하며 한국에만 머무르는 폐쇄적인 사고에서 '아시아와 더불어' 발전하려는 열린 사고로 인식을 전환해야 한다고 요구해왔다. 마침내 노무현 정부는 전 세계적으로 중요한 이슈로 등장한 '이주'의 문제에 대해 국제적 상황의 변화뿐 아니라, 국내정책의 중요성을 인식하게 되었고, 지난 5년간 가장 많은 변화가 있었던 분야는 이주민과 관련한 정책이었

---

3 이주노동자 역시 이주민의 한 구성원으로 인식해야 하며, 이주노동자뿐 아니라 결혼이민자와 재외동포, 기타 전문 분야에 이르기까지 외국국적을 가진 이주민에 대한 정책은 노동의 영역뿐 아니라 주거 등 생활과 문화, 교육, 가족 등 전 영역에 이르는 이주민정책으로 나아가야 한다고 요구해왔다.

을 것이다. 그 중에서 중요한 정책변화 몇 가지를 살펴보기로 하자.

‘산업연수제도’ 의 폐지
- ‘고용허가제’ 의 허와 실

　　　　　　　1991년부터 실시되어온 외국인력 도입 시스템 ‘산업연수제도’ 는 이주노동자를 노동자로 인정하지 않고, 기술을 배우는 연수생의 지위를 부여함으로써, 노동법의 적용을 피하고 임금과 근로조건에 있어 내국인 노동자와 차별을 제도적으로 용인하는 비인권적 측면 때문에 ‘현대판노예제도’ 라 불리며 한국의 인권단체들은 폐지를 적극적으로 촉구해왔다. 산업연수제(Industrial Trainee System)를 폐지하고 이들을 ‘노동자’ 로 인정해 달라는 입법청원이 있은 지 8년 만에 「외국인 근로자 고용 등에 관한 법률」(이하 고용허가제, Employ Permit System)이 입법되었다. 2003년 여름의 일이다. 그리고 2007년 1월, 법 제정 이후 병행 실시해오던 산업연수제도는 고용허가제로 완전히 통합 시행됨으로써 그 질긴 생명을 마감했다.

　고용허가제 도입의 주요한 의의는 늦었지만 이주노동자를 노동자로 인정했다는 점, 그리고 이주노동자들의 차별해소와 인권개선이 조금이나마 이루어졌다는 점이다. 그러나 유감스럽게도 현재 체감되는 이주노동자들의 인권상황은 그다지 개선되지 못했다. 그것은 고용허가제가 이주노동자의 ‘노동과 인권’ 을 중심으로 한 제도가 아니라, 고용주들의 ‘고용과 관리’ 를 중심으로 한 제도이기 때문이다. 고

　　　　　　　　　　　　　　　　　　　　　　　　　정 귀 순

용허가제 하에서 일어나고 있는 대표적인 인권문제는 다음과 같은 것들이다.

첫째, '사업장 이동의 제한'으로 인한 인권침해

고용허가제 하에서 '이주노동자의 사업장 이동'을 '사업주의 고용계약 해지, 휴업, 폐업, 폭행 등 인권침해, 임금체불, 노동조건 저하 등 더 이상 고용관계 유지가 불가능한 사유가 발생한 경우'에 한해 3회(이주노동자의 귀책사유가 아닌 경우 1회 추가) 인정된다. 그리고 반드시 고용안정센터를 방문하여 취업알선을 받아야 한다. 그러나 이주노동자들 대부분이 불편함을 호소하는 작업장 환경 및 작업내용상의 문제나 내국인노동자 사이의 갈등, 일상적인 언어폭력 등의 문제로 사업장을 변경하는 일은 거의 불가능하다. 사업장 이동의 자유가 주어지지 않는, 1년 단위로 계약을 갱신해야 하는 비정규직 노동자인 이주노동자들에게 가장 두려운 것은 짧은 3년조차도 제대로 채우지 못하고 본국으로 돌려보내지는 것이다. 그것은 한국에 오기 위해 막대한 비용이 들었기 때문이다. 따라서 작업장에서 불이익을 당하더라도 묵묵히 참거나, 해결할 수 있는 적절한 방법을 찾지 못하면 업체를 이탈하여 결국 미등록이주노동자로 전락하게 된다.

둘째, 미등록이주노동자의 과도한 단속과 추방으로 인한 인권침해

한국정부는 미등록이주노동자 문제해결을 '강력한 단속과 추방'에 의존하고 있다. 특히 단속실적 위주로 진행하는 과잉단속으로 인해 위협을 느낀 이주노동자들이 목숨을 건 도피를 시도하고 있으며,

그 와중에 다리 골절 등과 같은 사고가 다반사로 발생하고 있어, 이주노동자들의 인권침해가 사회적으로 물의를 빚고 있다. 구체적으로는 2003년 고용허가제 국회통과 후 실시된 미등록이주노동자에 대한 강제단속과 추방으로 강제단속의 공포를 견디지 못해 자살한 스리랑카 이주노동자 다라카 씨를 비롯한 10여 명의 이주노동자들이 목숨을 잃었고, 2006년 2월 이후 강제추방을 두려움을 이기지 못한 이주노동자들의 추락사망사건, 2007년에 접어들자마자 2월 여수에서 일어난 외국인보호소 화재사건으로 추방대기 중이던 10명의 이주노동자들이 목숨을 잃는 등 이주노동자들의 인권침해는 기업뿐 아니라 정부기관에서조차 이루어지고 있는 현실이 몹시 안타까울 따름이다.[4]

---

4 미등록이주노동자들의 다양한 인권침해 사례들은 『미등록 외국인 단속 및 외국인 보호시설 실태조사』, 국가인권위원회 2005년 인권상황실태조사 연구용역보고서 中 '제3장 2절 단속과 보호철차 상의 문제점' 및 2006년 5월 '이주노동자인권연대'에서 법무부에 제출한 「이주노동자 인권·노동권 보장 및 외국인력 제도 개선을 위한 의견서」 참고.

정 귀 순

숙련 이주노동자에게 선별적 정주 인정
- '영주권 부여' 의 허와 실

　　　　　　　그동안 한국정부의 외국인력정책은 한국인들이 취업을 기피하는 산업과 업종에 취업을 허용하되, 가족동반을 허용하지 않는 단신노동, 그리고 3년 이내 취업을 허용하는 단기순환정책을 원칙으로 하고 있다. 즉 이주노동자는 1년 단위로 계약을 갱신하되, 최장 3년 이내 취업이 허용되는 한국사회의 대표적인 비정규직노동자이다. 그러나 법무부는 2008년 1월 1일부터 5년 이상 합법적으로 취업한 이주노동자 중 일정 기술기능자격을 보유하거나, 일정 수준 이상의 임금을 받고, 2천만 원 이상의 자산과 한국어 능력시험에서 3급 이상을 취득하는 등의 조건을 갖춘 이에 한해 선별적으로 거주 자격을 부여하는 것으로 「출입국관리법 시행령」을 개정하였다.

　한국사회의 필요에 의해 도입되었지만, 한국사회의 정주 및 사회의 일원으로는 절대로 인정하지 않겠다는 기존의 입장을 수정하여 이주노동자의 정주를 인정한다는 점, 그리고 한국사회에 필요한 일원으로 인정한다는 점에서는 큰 변화이다. 그러나 대상을 제한하려는 의도가 지나쳐 현재의 기준은 비현실적이다. 현재의 기준을 충족시키려면 지금까지와 같이 일만 하라는 식의 이주노동자 생활이 아니라, 일터 가까운 곳에서 한국어를 배울 수 있는 기회가 다양하게 주어져야 한다. 본인이 원한다면 기술자격증 습득을 위한 교육과 훈련도 가능한 시스템을 먼저 마련해야 한다. 이러한 다양한 기회는 이주노동자의 한국정착뿐 아니라 귀국 후 본국 재정착에도 도움이 될 수 있으리라 생각한다.

새로운 외국인정책 - '외국인과 더불어
사는 열린사회', 그 허와 실

　　　　　　노무현 정부는 지난 2006년 5월, '외국
인과 더불어 사는 열린사회'를 슬로건으로, 인권 및 사회통합을 강
화하는 새로운 외국인정책을 발표했다.[5] 그리고 구체적으로 2007년
4월 27일 「재한 외국인 처우에 관한 기본법」을 입법하고, 각 지방자
치단체에서는 「외국인주민 지원조례」 제정을 서두르고 있다. 그리고
분산되어 있던 이주민 관련 행정의 통합을 위해 이민행정기구의 정
비작업이 진행 중이다.

　그동안 '노동력'의 관점으로만 다루어지던 이주민의 문제를 '주
민'의 관점으로, 그리고 더불어 살아가야 할 사람들로 인식한다는
것은 중요한 변화이다. 그 사이 어느새 한국사회에 '이주민'이라는
단어가 자연스럽게 정착되고 있으며, '이민사회'가 조심스럽게 언급
되고 있다는 점이 가장 큰 변화일 것이다. 그리고 이런 변화를 촉진
시킨 것 역시 정부 이주민정책의 변화라고 하겠다. 그러나 이 새로운
이주민정책은 '국가경쟁력 강화'라는 이름 하에 저숙련 노동인력에
대해서는 여전히 사회적 수용과 통합보다는 적절한 활용과 배제의
입장을 고수하고 있다. 정주의 대상자인 결혼이민자와 전문 인력(IT

산업을 포함한 고급기술인력)의 한국사회 적응과 사회적 통합의 초점도 여전히 '대상에 따른 차별' 정책의 내용을 담고 있다.

새 정부 내다보기 - 더불어 살아가기 위한 모색

국민의 눈이 온통 대통령선거에 집중되었던 지난 11월, 의미심장한 사건 두 가지가 일어났다.

2007년 11월 25일, 미등록이주노동자의 단속을 피해 교회에 들어온 중국동포를 잡으러 출입국관리사무소 직원들이 교회에까지 밀고 들어와 무리하게 단속하는 과정에서 중국 동포들이 옥상에서 떨어져 다리와 허리가 부러지는 중상을 입었다. 이틀 뒤인 11월 27일 오전, 〈서울경기인천지역 이주노동자노동조합〉 위원장을 비롯한 임원 3명이 각각 일터와 길에서 소위 '불법체류자'라는 이유로 동시에 출입국관리사무소 직원들에게 연행되었다. 출입국관리사무소 직원들이 교회에 난입한 사건은 그나마 교회들이 강력하게 항의하여 결국 법무부장관의 사과로 마무리되었다. 하지만 이주노동자노동조합 임원들은 국가인권위원회에 노동조합활동 탄압에 대하여 진정 및 조사 중임에도 불구하고 전격 본국으로 추방되었다.

그동안 '인권'의 담론이 중요하게 다루어졌던 김대중 정부에 이은 노무현 정부의 막바지, 그리고 사실상 한나라당의 집권이 기정사실로 받아들여졌던 이번 선거기간 동안 이루어진 법무부의 '과감한' 행동들은 앞으로 새 정부 하에서 일어날 일들을 예상해볼 수 있게 하는 사건들로, 앞으로 시행될 이주노동자 노동정책과 인권정책에 대해 심각하게 우려하지 않을 수 없다.

지금 새 정부는 '실용성과 효율성' 을 강조하고 있다. 그러나 이주민들과 더불어 살아가는 것은 '상호이해' 와 '인내심' 을 필요로 한다. 이는 효율성과는 아주 거리가 멀다. 만약 이주민정책에 있어서조차 효율성을 강조한다면, 한국사회는 다문화사회로 향하는 것이 아니라 이주민들의 한국화를 위한 정책으로 귀결될 것이다. 후보 시절 이명박 당선자는 미등록이주노동자의 합법화, 인권침해 소지가 있는 출입국관리법 개정안 폐기, UN 이주민조약 비준, 다문화포용 등 다문화·다인종 사회를 향해 노무현 정부에서 미처 담지 못한 이주민정책을 지지한다고 했다. 모쪼록 이 약속들이 지켜지기를 바란다.

2007년 말 한국 내 체류 이주민의 수는 100만 명을 훌쩍 넘어섰고, 우리 사회는 2005년 세계 최저의 출산율(1.08명)을 기록하면서 저출산·고령화 사회에 돌입하여, 일정규모 이상의 외국 인력은 항상 필요한 상황이다.[6] 이주노동자의 유입이 시작된 지 어언 20년을 바라보면서, 그 사이 한국사회에는 '이주민' 이라는 단어가 자연스럽게 정착되고 있으며, '이민사회' 로의 전환이 조심스럽게 언급되고 있다.[7] 이제 한국사회의 이주민문제와 이주민운동에 있어서 우리는 새로운 출발을 맞고 있다. 그것은 정부가 최근에서야 비로소 이주민

6　2010년까지 소위 3D업종과 소규모 사업장의 인력부족은 50만 명 내외로 예상 〈2006.2 법무부 출입국관리행정 변화전략계획〉 중

7　"한국도 이민을 받아야 한다." 2007년 3월 28일 노무현대통령의 카타르 동포 간담회 내용 중

정 귀 순

의 존재를 인정하고, 이들과 더불어 살아가야 한다는 것을 인식하고 있다는 점에서, 지금까지 인권침해에 맞서 싸우는 수준을 넘어 이주민의 삶의 질을 높이고, 차이는 존재하나 차별은 없는, 평등한 사회를 향해 한걸음 더 나아가는 길목에 서 있기 때문이다.

최근 가장 많이 언급된 단어가 있다면 아마 '이주민'과 '다문화'일 것이다. 각 언론사마다 경쟁적으로 결혼이주민, 특히 여성결혼이민자를 주인공으로 프로그램을 만들고 각 대학과 기관들이 '다문화'를 주제로 한 심포지엄을 열고 있어 외형적으로는 마치 한국사회가 '다문화사회' 인양 착각을 일으키게 한다. 그러나 정작 그 내용들은 상호이해와 소통이 아니라 한국화에 다름 아닌 경우가 많다.

이주민과 더불어 살아가기 위해 가장 중요한 것은 그들이 외국인이기 때문에 받는 제도적 차별을 없애야 하는 것이다. 제도적으로는 국적 취득 외에 안정적으로 한국사회에 체류 할 수 있는 방법이 없어 이주노동자들은 강제추방을 당하고, 화교 및 결혼이민자들은 출신국적 포기와 한국국적 취득을 강요당하는 결과를 초래하여 인간의 존엄성을 훼손하는 문제를 낳았다. 그리고 법·제도상의 차별을 그대로 둔 채 복지차원에서 지원을 거론하는 것은 오히려 차별을 고착화하는 결과를 초래하여 시간이 흐르면 결코 사회통합성을 기대할 수 없다. 따라서 한국사회 곳곳에 존재하는 법과 제도에서 외국인에 대한 차별의 내용을 없애가는 것이 가장 시급하다.

아울러 법과 제도상 차별이 해소되는 방향으로 개선되는 것과 동시에 이루어져야 할 아주 중요한 내용은 바로 외국인에 대한 차별과 편견이 공공연하게 인정되는 사회적 인식을 바꾸어가는 것이다.

2005년 10월, 3주에 걸쳐 일어났던 프랑스 이민자들의 분노폭발은 제도적 차별이 없다 하더라도 느껴지는 차별이 얼마나 심각한 사회적 문제인가를 잘 보여주고 있다. 이주민에 대해 일방적으로 한국 문화에 동화될 것을 강요하는 것이 아니라 자신의 정체성을 유지하면서 더불어 살아가기 위한 다문화사회를 만들려는 노력은 대단히 중요하다. 이주민과 더불어 살아가기 위해 이제 막 시작된 '다문화'에 대한 사회적 논의는 그 내용을 제대로 채우기 위해 앞으로 더 많은 논의와 실천들이 따라야 할 것이다.

김동애

전 한성대 대우교수를 지냈고 현재 한국비정규교수노동조합 교원법적지위쟁취
특별위원회위원장이다. 번역한 책으로 『중국사학사』가 있다.

대학강사의 희망 찾기
— 인디언의 기우제처럼

•김동애• 한국비정규교수노조 교원법적지위쟁취특별위원회 위원장

왜 천막농성을 고집하는가

성탄 전날, 한국비정규교수노조에서 대학강사의 교원법적지위회복을 위한 국회 앞 천막농성을 시작한 지 109일째, 천막을 나와 사위와 딸, 외손녀에게 줄 선물로 양말을 샀다. 딸은 왠 양말이냐고 한다. "산타할아버지에게 선물을 받으라고……" 했지만 딸은 어릴 적 크리스마스를 잊었나 보다. 방 벽에다 양말 한 짝을 붙여놓고 산타할아버지를 기다리던 일을……. 아침에 일어나 100원짜리 동전 몇 개 든 양말을 확인하면서 제 남동생과 함께 좋아하던 가난한 어린 시절을 다행히 이제 잊었나 보다.

그러나 난 이미 8년 전 해고된 대학강사로 그 가난을 내 몫으로 아직도 움켜쥐고 있고, 그나마 방학에는 정규직교수의 5~10분의 1 정

도밖에 안 되는 강사료조차 없는 7만 대학강사의 차디찬 겨울을 과제로 끌어안은 채 정치 1번가인 여의도로 옮겨 또 천막으로 버티고 있다. 5년 전 한성대 앞에서 했던 다섯 달의 천막농성, 그 겨울보다 얼마나 나아졌나.

천막 옆으로 길 건너 보이는 국회는 2004년부터 민노당 최순영 의원, 2006년 대통합신당 이상민 의원, 2007년 한나라당 이주호 의원 순으로 대학강사의 교원지위회복을 위한 법안을 3당이 발의해 순진한 비정규교수들의 기대를 한껏 부풀게 했다.

국회앞 천막 농성장, 2007년 9월, 나뭇잎이 무성하다. 오른 쪽 안으로 모든 대선주자들의 캠프가 위치한 대한민국 정치일번지다.

김 동 애

천막 뒤로 여전히 대선 캠프들은 총선준비를 위해 다 모여 있고 한두 블록만 내려가면 밤새도록 건물 전체가 불이 꺼지지 않는 증권 가와 또 은행가가 있다. 여의도 공원을 가로 질러 여의도역 근처 사학연금회관이 있고 12층에는 한국의 대학교육(?)인지 대학경영을 좌지우지한다는 한국대학교육협의회가 있다.

1949년 제정된 교육법에 강사가 교원이었던 것을 1977년 박정희 군사독재가 저항지식인의 제도권 진입을 거르기 위해 교원지위를 박탈한 지 30년이다. 그 뒤 교원지위를 박탈당한 7만여 명의 강사들은 오직 가방끈이 길다는 '배운 죄'로 현대판 천형의 비천과 가난의 속내를 차마 드러내지도 못하면서 살아왔는데 이곳에서 넉 달째 '소리 없는 아우성'을 치고 있다. 천막농성은 2007년 9월 7일 현대판 대학 노비문서인 박사 석사 학위증 위촉장 등을 불사르는 집회를 하고 농성에 참여한 인원이 노조 6개 분회 20여 명이었다. 그마저 거대 학교 자본이라는 불랙홀로 빠져드는 집단이탈이 있었고, 노조 3개 분회의 열성간부 10여 명만이 흔들림 없이 버티고 있다.

천막을 방문하여 자주 함께하는 영남대 학생이 이렇게 말했다.

"미국 애리조나 사막지대에 사는 호피 인디언들이 기우제를 지내면 반드시 비가 온답니다. 그건 비가 올 때까지 기우제를 지내기 때문이랍니다."

이 거짓말 같은 오래된 이야기 때문에 사실 그들은 평생 비 한 방울 안 내릴 것 같은 사막에 씨앗을 심는다. 그리고 기우제를 지낸다. 이들이 어리석은 것일까? 아니다. 이들이 뿌리는 옥수수 등의 씨앗은 약간의 물기만 있어도 살아남는다. 극단의 가뭄 속에서도 기우제는 이들이 이탈하지 않고 결속하도록 만들어준다. 결국 언젠가 비는 오고 싹은 튼다. 호피 인디언 사회가 면면히 이어져온 것 자체가 이들의 믿음이 옳음을 드러낸다.

이처럼 천막농성은 7만 강사에겐 절절한 기도이자 인디언의 기우제와 같은 것이다. 이 기도가 지속되는 한, 비정규교수(박사)들의 죽음 행렬―2003년 5월 서울대 백모 강사의 자살, 2003년 12월 원광대 정 강사의 살인, 2006년 6월 부산대 김 강사의 자살, 2006년 서울대 권 강사의 살인과 자살―과 같은 깊은 절망을 막아내야 한다는 절박함 때문이다. 아무리 새벽이 가까워도 칠흙 같은 어둠만 있다면 그 새벽을 어떻게 알 수 있고 견딜 수 있겠는가. 멀리 희미하게라도 불빛이 있어야 희망을 지필 수 있고 죽음의 행렬 대신 축제의 행렬로 바꿔낼 수 있으리라는 믿음과 소망을 가질 수 있다.

30년 된 태생의 비천과 극빈의 실체를 보자

나는 시간강사로 강의하러 이 학교 저 학교를 다니면서, 늘 루신(魯迅, Lu Hsun) 소설 『아큐정전(阿Q正傳)』의 주인공 '아큐'을 생각했다. 아큐는 우리 식으로 말한다면 일반적인 '개똥이 아무개'이다. 동네아이들이나 건달들은 등 뒤에서 아큐를 놀리거나 대놓고 돌멩이질을 하기도 하고 때리기도 한다. 그러면 아큐는 화를 내고 달려들어 패주는 대신 "저 녀석들은 제 아비도 몰라보고 때리는 거야" 하며 '정신승리법'으로 자기를 위로한다.

김 동 애

아큐는 이름도 성도 없이 조씨 댁에 얹혀살면서 조씨 집안의 허드렛일을 하는 인물로 떠돌이패의 한 사람이다. 전형적 노예근성을 지닌 쿨리(苦力 coolie, 중국이나 인도의 막일꾼)의 상징이다. 아큐는 이름도 모르고 출신지도 알 수가 없다. 그는 집도 없이 동구 밖 사당에서 기거했고 일정한 직업이 없어 닥치는 대로 일을 하며 살았다. 그러나 매우 자존심이 강한 인물이어서 마을사람들이 자신을 건드려도 그런 사소한 문제 따위에는 관심도 없다는 듯이 무관심으로 일관한다. 노름에서 돈을 잃어도 상관하지 않는다. 이러저러한 30여 년의 온갖 풍파를 겪으면서 자신의 운명을 스스로가 책임지지 못하고 남에게 맡기거나 혼돈된 상태로 방치한다. 결국 어느 날, 갑자기 아큐가 체포되는데 누가 누명을 씌웠는지 혁명당원으로 몰려 무수한 인파의 눈들이 지켜보는 가운데 총살형을 당한다.

20세기 초 신해혁명의 쓰디쓴 좌절을 맛본 중국인들, 아무리 모욕을 당해도 저항할 줄 모르고 오히려 머릿속에서 자신의 정신적 승리로 소화해버리는(소화할 수밖에 없는) 주인공 아큐는 바로 당시 중국인의 모습이다. 자신의 현실적인 모습을 직시하지 못한 채 항상 자기기만으로 현실을 호도(糊塗)하면서 살아가는 아큐의 '정신승리법'을, 민족적인 위기에 처해 있으면서도 중화의식—우월감—을 버리지 못하는 낡은 지식인과 중국인에게서 발견하고 이를 형상화한 것이 이 소설이다. 또한 신해혁명에 대한 희망과 혁명의 기회에 편승하는 건달들의 모습을 조명하면서 루신은 아큐의 죽음을 구경거리로밖에 보지 않는 군중들을 향해 아큐에 대한 연민과 동정으로 질책한다. 어리석고 불쌍한 아큐의 '정신승리법'은 중국인들의 정신적 자학을 뜻하는 말이기도 하다. 루신의 푸념처럼 "중국인은 누군가가 나서서 말해주지 않으면 안 된다."

역시 반식민지 사회를 살아가던 중국인의 자화상이기도 하지만, 대학 안에서 현대판 '노비'로, 어느 때는 '유령' 같은 존재로 살아가는 우리네 대학강사의 서글픈 모습일 수도 있다고 생각하곤 했다.

대학에서 강사들은 전체 강의의 절반 가까이를 맡고 있다. 교육대 같은 경우는 60% 정도를 맡는다. 그러나 대학강사들의 현실을 보자. 강사료는 시간당 1만 7천 원~5만 원으로 월수입은 평균 100만 원 정도다. 전임교수의 5~10분의 1 정도다. 방학 때는 이마저 없다. 국민이라면 누구나 받아야 할 사회복지인 4대 보험도 극소수를 제외한 대부분 대학에서 대학강사에게는 적용하지 않는다. 연구공간은 말할 것 없고 휴게실조차 없어 교정 안 어디선가 서서, 혹은 강의실 한켠에 앉아서 학생지도를 해야 하는 것이 대부분이다. 임금 격차 이외에도 학사 참정권, 총장 선출권, 교과목 개설권, 연구실 제공, 각종 복지 혜택 등에서 배제되어 있다.

무엇보다 대학강사들은 미래가 불안하다. 종강 무렵 조교로부터 전화가 오면 다음 학기 강의가 있는 것이고 전화가 없으면 강의가 없다. 근로 계약 따위는 애초에 없고, 90년대 초반까지는 위촉장을 주는 대학은 더러 있었지만 지금은 이마저 없다.

어떻게 대학이 이 지경이 되었을까? 박정희 군사정권은 지식인을 길들이기 위해 전임강사와 시간강사로 이원화시켜 저항지식인을 제도권 밖에 두고자 했다. 전두환 정권은 학생운동 저지 방편으로 국보위에서 졸업정원제를 착안하여 대학이 시간강사제도를 이용 확산시

    김 동 애

키는 계기를 만들었다. 여기에다 민간정부의 신자유주의 교육정책과 더욱 심각해진 대학의 상업화는 대학의 연구 활동과 교육행위마저 계량적 평가의 대상과 상업적 생산물로 변질시켰다. 결국 30년간 대학의 착취를 정치권과 교육부가 담합하여 방치하면서 대학강사는 불안한 신분에서 오는 차별을 구조적으로 혹독하게 겪고 있다. 우리 사회에서 이주노동자 다음의 최극빈층으로 떨어지고 무기력한 지식인으로 고착되고 말았다. 그래도 노동운동이 활발하게 생명력을 가졌던 1980년대 후반 시간강사들은 노조를 조직하고 전국규모의 전국강사노동조합 등을 결성하여 여러 형태의 투쟁을 전개했다. 하지만 내가 그들과 처음부터 함께 한 것은 아니었다.

'정신승리법' 에서 계란으로 바위치기로

30대 후반, 남편과 어린 남매를 떼놓고 혼자 유학을 떠나 햇수로 7년이 걸려 박사학위를 받았다. 당시 나는 노동운동하는 남편을 둔 사람이었다. 다수의 여교수들처럼 내 벌이가 딱히 생계를 좌지우지하지 않는 것이 아니었다. 필사적이었다. 그래서 1992년 3월 한성학원에서 정교수 빈 자리에 나를 '대우교원' 으로 채용하려고 할 때, 그 조건에 내키지 않는 의혹이 있었지만 받아들였다. 정규직 교수 빈 자리로 들어가는 대우교원은 1~2년 뒤 정규직교수로 발령받는 것이 관행이었다. 나도 그렇게 알고 '대우교원' 을 시작했다.

그런데 그것이 나 혼자만의 '착각' 인 것을 안 것은 훨씬 뒤의 일이었다. '착각' 하면서 살았던 이유는 내가 다른 시간강사 강사료의 두 배를 받았기 때문이다. 나는 이 '두 배' 의 돈이 필요했다. 두 배라 해봐야 정교수의 1/5이지만 말이다. 그렇게 7년 6개월을 한성대에서 강의했다. 1999년 9월 통장에 입금된 강사료가 '시간강사의 두 배' 가 아니고 다른 시간강사와 같은, 정교수의 1/10 수준으로 입금된 걸 알고 교무과장을 찾아 갔다. 이날 나는 내가 그동안 '착각' 에 살았던 걸 확실하게 알았다.

그들은 내가 한성대의 '특별한 배려' 로 '시간강사의 두 배' 에 해당하는 강사료를 받은 것일 뿐임을 강조했고, 전임교원와 거의 비슷한 시간인 1주에 6~9시간을 강의한 내 노동 가치는 무시하고 오직 그들의 배려와 시혜였다고 주장했다. 현재 대부분 대학의 정규직교수나 대학당국은 이미 오래 전부터 한 학기마다 구두로 위촉되어온 비정규직교수의 신분 불안, 오직 강의 시간만 계산하는 저임 강사료 등의 문제를 '대학의 수치' 이고 '대학의 사기행각' 이라고 표현한다. 그러나 막상 대학 안에서는 동료 후배 제자의 교육노동에 대한 착취 행위를 스스로 '시혜' 를 베푼다고 착각하는, 극히 자기모순적인 이중적 태도를 가지고 있다.

당시 나한테 학과나 대학당국에서 납득이 가도록 해명하고 한 마디 사과만 했어도 과거방식대로 아큐의 '정신승리법' 으로 '자식이 아비를 때리는데……. 그래, 당신들이 복을 차는 것이지…….' 혼자 혀를 끌끌 차면서 자조하고 그대로 끝냈을지 모른다. 그렇지만 이 나라의 대학이 성역처럼 은폐되어 무소불위한 권력을 휘두르는 그들을 보면서 더 이상 나는 아큐로 살아갈 수 없었다. 이것을 바꿔야 하는

김 동 애

국가인권위원회에서 1인 시위를 하고 있는 김동애 교수. 20년간 시간강사로 대학을 떠돌던 그는 지난해 퇴직금 소송에서 승리했지만 어떤 대학에서도 그를 불러주지 않아 더이상 강단에 설 수 없다. ⓒ매일노동뉴스 마영선 기자

데, 다른 누군가 해주기를 바라기보다 나부터 시작해야 한다고 생각했다.

그래서 1999년 10월부터 긴 싸움이 시작됐다. 1999년 11월에 제기한 직위해제 및 감봉무효소송은 이듬해 10월 기각됐다. 한성대가 1년 단위 재임용 기간 설정과 관련한 규정을 변경해버린 것이 원인이었다(이마저도 일말의 의혹이 있는). 이미 2000년 2학기부터 강의를 일방적으로 배정하지 않았다. 예상했지만 막상 패소를 하고 보니 무엇을 어떻게 해야 할지 막막했다. 후배의 권유로 상하이 후단대학 도서관에 가서 한달 동안 중국현대사의 한발 한발 피땀 어린 족적이 묻어 있는 자료 속에 파묻혀 지내면서 재충전했다. 포기할 수는 없었다. 돌아와서 이혜연 노무사의 도움을 받아 다시 서울지노위에 해고 예고 근로조건 저하 퇴직금 연월차수당 건으로 진정했다. 다음해인 2002년 4월, 서울지방노동청은 서울지노위 진정 사안 가운데 부당해고 해고예고 근로조건 저하에 대해 근로기준법 위반을 인정했다.

　　퇴직금과 관련해서는 대학강사가 한 대학에서 보통 전임의 책임 수업시간인 1주 9시간 이상을 강의하지 않으므로 1주 15시간 미만의 단시간근로자라며 인정받지 못했다. 이어 서울지검에 한성대를 근로기준법 위반으로 고발했다. 그런데 이 해 7월 서울지검은 무혐의 판정을 내렸고 9월 서울고검에 항고했는데 이 역시 무혐의 판정을 내렸다. 이에 12월 대검에 재항고했는데 이조차 일사천리로 무혐의 판정을 내렸다. 진술을 하러 가서 "검사님의 오늘 판단이 우리 사회 미래를 바꿔낼 수 있는 단초가 됩니다."라고 말하니 서울지검 담당 검사는 강사문제를 잘 안다며 오히려 내게 입법 청원운동을 하라는 조언을 했다.

　　형사 고발을 하면서 2002년 5월부터 서울지법에 퇴직금 민사 소송을 도재형 변호사의 도움으로 시작했다. 그런데 11월 기각됐다. 그러나 12월 항소해 2003년 10월 승소했다. 판결문을 보면 비정규직교수들의 강의시간은 강의를 준비하는 시간, 리포트 채점 등의 시간을 포함시켜야 한다고 했다. 전임교원과 '같은 노동 같은 임금'을 일정 부분 인정한 셈이다.

　　퇴직금 싸움을 하면서 2001년 가을부터 현재의 한국비정규직대학교수노조인 전강노(전국강사노조)와 함께 연대를 시작했다. 그리고 '대학강사의 법적 지위 보장'을 요구하며 세종로 교육부 후문 앞 1인 시위를 시작했다. 2002년 10월에는 한성대 앞과 교육부 앞에서 단식 농성을 했다. 동시에 유난히 눈이 많이 내려 몇 번인가 천막이 무너져 내리고 영하 17도까지 내려갔던 한 겨울을 한성대 앞에서 5개월에 걸쳐 천막농성을 하며 지냈다. 내 몸은 아직도 그 해의 혹독

김 동 애

한 추위를 다시 기억해내는지 작은 겨울바람에도 온몸이 얼어붙는 듯하고 매운 고춧가루를 뿌린 듯 살갗이 따갑다.

인수위 앞에서 국회 앞으로 5년이 걸려서 왔으나……

김대중의 국민정부는 대통령선거 전에 노조간부들을 직접 만나서 강사문제 해결을 약속했다고 한다. 그러나 정권 말기 '교원지위' 회복 기대는 실종되고, 미봉책으로 교육부는 한국학술진흥재단 프로젝트를 확대했다. 연구자들의 생계를 위해서 마련했는데 한 해에 3,000명 정도가 이 프로젝트에 참여하여, 1년에 연봉 3,000만 원 정도 받으니까 기본생활을 해결해주는 면에서는 일정한 성과가 있었다. 그러나 전국의 시간강사들이 모두 매달려서 프로젝트 공모를 준비하며 교원지위 회복이라는 투쟁은 손을 놓아버렸다. 특히 서울과 수도권은 한두 명의 간부 외에는 무장해제했다고 볼 수 있다.

프로젝트에는 매년 팀별로 하는 게 있고 개인별로 하는 게 있다. 그랬을 때 전공과 상관없는 팀에 끼는 경우가 생겨서 생계를 위해 어쩔 수 없이 1년이든 3년이든 아무 관심도 없는 주제를 연구해야 한다. 그리고 연구계획서로 심사 결정하면서 점점 당첨의 성격이 강해지고, 연구자들이 자칫 논문 찍어내는 노예가 아닌가 하는 자괴감을 느끼게 된다는 부작용이 있다. 더구나 수혜 인원은 7만여 강사 가운데 3,000여 명일 뿐이다.

실제는 강사이면서 무늬만 교수인 비정규교수들의 명칭만 해도

18가지나 되면서 2002년 전강노는 한국비정규직교수노동조합으로 명칭을 바꾸었다. 2003년 1월 세종로 외교통상부에 자리 잡은 노무현대통령직인수위원회 앞에서 1인 시위를 시작으로 국회 앞 천막농성까지 5년 동안 노조 구성원들은 퇴직금 소송, 국가인권위 진정, 관계자 면담, 1인 시위, 기자회견, 천막농성, 집회, 정책토론회, 관련 논문 발표, 범국민 서명운동, 쪽광고잇기 등 활발한 활동으로 몇 가지 주요한 성과를 얻었다.

첫째, 대학강사의 강의시간 수를 3배 곱하여(강의준비+강의시간+학생지도시간) 대학강사에게 퇴직금을 주라는 서울지방법원 제6민사부 〈사건 2002나55815 퇴직금, 2003. 10〉의 판결이 있다.

둘째, 국가인권위원회가 교육부에 권고한 〈대학 시간강사제도 개선권고, 2004. 6〉가 있다. '시간강사에 대한 지위와 교육활동의 가치를 인정하고 전임교원에 비례하는 합리적 대우를 통하여 차별을 개선해야 할 필요가 있다' 면서 교육부에 개선을 권고했다.

셋째, 대학강사는 노동자라는 대법원 판결 〈사건 2005두13018 산업재해보상보험료 등 부과처분취소 2005두13025/병합, 2007. 4〉이 있다. 대법원은 한양대 고려대 등 전국 55개 대학들이 제기한 산재보험 지급의 부당성에 대한 상고를 기각했다. 판결문에서 대학강사의 노동자성을 논증했다.

넷째, 대학강사의 교원지위 회복을 위한 3당의 고등교육법개정안 발의가 있었다. 2006년 3월 30일 민주노동당 최순영 의원은 「학교자치법」을 제안하면서 '시간강사' 를 '대학강사' 로 개칭하여 교원의 범주에 포함하는 형태로 고등교육법제14조제2항 변경 등 고등교육

김 동 애

법일부개정법률안을 발의하였다. 2006년 6월 16일 대통합신당 이상민 의원은 '전임강사와 시간강사를 통합한 연구교수'를 교원의 범주에 포함하는 고등교육법제14조제2항 개정과, 시간강사와 명예교수를 고등교육법제17조에서 제외하는 내용을 포괄하는 고등교육법일부개정법률안을 발의했다. 또한 2007년 5월 15일 한나라당 이주호 의원은 '시간강사'를 '강사'로 개칭하여 교원의 범주에 포함시키는 법안을 발의했다. 현재 국회 교육위원회 법안심사소위원회에 이상민 의원 안과 이주호 의원 안이 계류 중이다. 만일 이 법률안들이 통과된다면「고등교육법시행령」제7조의 시간강사 관련 규정이나「국·공립대학 및 전문대학 강사료지급규정」역시 사라질 것이다.

그러나 이런 주요한 성과를 대학이나 관계기관을 대학개혁의 밑거름으로 삼지 않았고, 한걸음 나아간 건지 아닌지 알 수 없는 오늘의 혼돈을 자초했다. 어렵사리 퇴직금 고법판결이 있었지만 그 뒤 퇴직금소송을 한 대학강사는 한 사람도 없다. 얼마 안 되는 액수에 대학뿐 아니라 우리 사회를 떠날 결심까지 해야 하니, 안 받고 말지로 일관한다. 결과적으로 '누구를 위해 종을 울리나'였다.

또 국가인권위원회가 교육부에 권고한 대학 시간강사제도 개선 권고에 교육부는 그저 묵묵부답으로 일관하고 권고안으로만 받아 묵살했다. 이것은 노정권의 한계였다. 개혁의 시도와 시작만 있을 뿐 실제 담당기관의 변화 흐름으로 숙성해내지 못했다. 교육부 해체론까지 나올 수밖에 없는 상황을 누가 만든 것인가. 그것은 교육부 관료들 스스로가 만든 것이다.

여기에 불발로 끝난 것이 두 가지 있다. 하나는 교육혁신위원회에서 강사문제를 해결해보겠다고 노조 간부들을 만나고 노조는 그 안을 내놓은 것이다. 그러나 이 역시 아무런 결과가 없었다. 시작은 창대했던 교육혁신위원회는 무엇을 했는지 그 기구는 언제까지 존재했었는지⋯⋯. 또 하나는 연세대학교 김이섭 비정규교수의 임용비리 고발 건이다. 원래는 임용비리 고발이었는데 엉뚱하게 문제의 방향을 틀어 연구비 유용인지 뭔지로 처리했다. 대학은 여전히 누구도 감히 손을 못 대는 성역임을 확인한 셈이다.

대학강사는 노동자라는 대법원 판결, 산업재해보상보험료 등 부과처분취소로서 노동자성을 인정한 판결은 훌륭했다. 그러나 2007년 7월 비정규직보호법안 시행령에서 박사는 전문직이라고 정규직 전환 대상에서 빼버렸다. 대법의 판결과 노동부가 서로 다른 판단을 했다. 노동부가 우리 사회에서 최극빈층인 대학강사의 현실을 알고 있었나, 의문이 든다. 강사들은 고등교육법 범주로 넣어야 한다는 원칙에 충실해서가 아니다. 교육부가 움직이지 않으면 노동부라도 문제 해결을 위해 옆에서 압박했어야 했다. 비정규직보호법안 시행령에서 박사는 전문직이라고 정규직 전환 대상에서 빼버리는 일은 하지 말았어야 했다. 현재 360명 강사들이 제기한 차별 시정 건을 노동부는 현상에 충실하게 접근하는 진정성을 가지고 해결해야 한다.

대학강사의 교원지위 회복을 위한 3당의 고등교육법개정안 발의는 고무적인 일이었다. 2006년 8월 한국비정규교수노동조합에서 특별위원회로 교원법적지위쟁취 특별위원회라는 기구를 만들어 1년 이상 국회 앞 1인 시위와 범국민서명운동을 했다. 그러나 발의한 국회의원들이나 각 당은 여야 할 것 없이 예산이 수반되는 법안은 그저

김 동 애

생색내기 발의일 뿐 의결은 오히려 막자 쪽으로 몸을 실으려 했다. 우리는 끝까지 절규로 호소했다. 정치권의, 소위 민주세력과 진보세력에게 '말과 행동에 책임지는 자세를 우리에게 보여 달라. 이 문제를 해결해라. 그래야 당신들은 국민들의 마음을 얻을 수 있고 신뢰를 받을 수 있다' 라고 호소했다. 그러나 그들은 끝내 외면했다. 결국 대선에서 국민들은 뻔히 알면서도 억하심정으로 말이 안 되는 선택을 하거나 40%가 기권을 했다. 나부터 선택을 포기했다.

교원법적지위를 어떻게 — "다시 새벽에 길을 떠난다"

그래도 현재 2월 국회에 대한 기대를 저버리지 않는다. 국회의 개정안 의결을 촉구하는 수단으로 지금까지 하던 국회 앞 천막농성, 그리고 청와대, 교육위 권철현 위원장(부산 사상), 교육위 간사이며 법안심사소위장 유기홍(관악갑) 의원, 간사 임해규(부천 원미갑) 의원 지구당사, 한국대학교육협의회 앞 일인시위를 계속하고 또 지난 11월 1일부터 12월 말까지 하던 이광수 교수(부산외대)의 특별한 연민에서 시작되어 이어졌던 한겨레신문 쪽광고잇기를 다시 시작할 예정이다.

그런데 대학강사의 교원지위를 회복하는 고등교육법개정안의 국회 교육위 의결을 촉구하기 위해 서울 관악, 부천 원미, 부산 사상에서 일인시위를 하며 터득한 것이 있다. 대학강사의 교원지위 회복이 대학교육을 정상화시킨다고 생각했는데, 일인시위를 보는 지역 주민들은 대학교육의 질 향상을 대학강사들보다 훨씬 피부로 느끼고 있었다. 힘들여 일 년에 700~1000만 원 넘게 등록금을 마련해 자식을 대학 졸업시켜도 사회에서 대부분 실력이 모자라 써먹을 수가 없다고 퇴짜를 맞는다. 대기업의 고급인력은 아예 외국에서 사다 쓴다. 지식사회에서 석사 박사를 하는 것이 옳다는 것은 알지만 박사를 나와 봐야 한 달에 80만 원 받기 어려울 정도니 대학원에도 안 간다. 전임교수들도 원칙적으로 대학강사의 교원지위 회복을 바란다. 전임교수들은 강의를 해도 연구나 생활을 할 수 없는 강사를 돕자고 프로젝트를 주선하다 보니 정작 자신의 공부는 하지 못한다고 하소연한다.

이런 현실을 보면서 일부 정규직교수들은 대학강사 문제를 대학강사만의 문제로 보지 말고 범국민 차원에서 고등교육의 질을 향상시키는 대학교육정상화 대책위원회를 구성해 여론을 일으키고, 대학에 압력을 넣고, 국회의 고등교육법개정을 실현하자고 제안한다.

현재 국회에 상정된 법안은 오는 2월 국회에서 의결하지 않으면 총선을 거쳐 18대 국회를 구성하면서 자동 폐기된다. 그럴 경우 우리는 다음을 생각한다.

먼저 헌법 소원이다. 교원지위 회복을 구하는 헌법 소원이다. 헌법재판소에서 대학강사에게 교원지위를 부여하라는 판결을 내리면 국회는 교원지위 회복 입법의 의무가 있다. 2007년 8월 23일 정책토론회에서 조우영 교수(경상대)가 현행 '고등교육법'의 위헌성을 주장한 내용을 보면 아래와 같다.

김 동 애

1. 대학 시간강사에 대한 교원 지위 부여의 당위성: 현행 '고등교육법' 의 위헌성

1) 헌법(제31조 제6항)이 아무런 한정을 하지 않은 '교원' 의 개념을 현행 '고등교육법' (제14조 제2항)이 '총장, 학장, 교수, 부교수, 조교수, 전임강사' 로 한정한 것은 위헌이다.

(중략)

그러나 '고등교육법' 은 '교원' 의 개념을 일반적인 의미대로 규정하지 않고 작위적이고 한정적으로 재규정하고 있으므로 헌법 제31조 제6항의 취지를 위반하고 있다. 다시 말하면, 헌법에서 '교원' 이라고 보고 있을 가능성이 있는 일부 사람들을 '교원' 의 범주에서 제외함으로써 헌법이 위임한 범위나 입법 재량을 일탈하고 있다. '국민' 과 관련된 헌법 규정 및 '국적법' 과 비교해보면, 헌법을 바보로 만드는 하극상임을 쉽게 알 수 있다

2) '교원' 의 개념 규정은 헌법에 사용된 그 용어를 직접 해석해서 파악되는 내용과 일치되도록 해야 한다. 그렇다면 과연 '교원' 이란 어떤 사람들인가?

3) '교원' 이라는 용어는 1949년 12월 31일 제정되어(법률 제86호) 1997년 12월 13일 폐지된(교육기본법 부칙, 법률 제5437호)

구 교육법에 의해 50년 가까이 사용됨으로써, 우리 사회에서 거기에 사용된 바대로의 일반적 의미를 획득하였다. 그 의미는 바로 "교원이라 함은 각 학교에서 원아, 학생을 직접 지도 교육하는 자를 말한다."는 것이다(구 교육법 제73조 / 그 동안 변경 없음). 이러한 구 교육법의 교원 개념 규정은 글자 그대로의 뜻으로도 딱 맞는 것이다. 헌법의 이른바 '교원 지위 법정주의'는 1980년 10월 27일 개정에서 처음 도입되어 지금까지 유지되고 있는 것인데, 그 개정 당시 구 교육법의 '교원' 개념 규정은 이미 30년 넘게 효력을 발휘하고 있었으므로, 헌법에서 말하는 '교원'의 개념은 구 교육법에 규정되어 있던 바와 다른 것일 수가 없다. 그러므로 '고등교육법'에서도 구 교육법과 규정 형식은 달리 할 수 있을지언정 교원 개념의 내용을 달리 규정해서는 안 된다.

4) 학교에서 학생을 가르치는 사람이 '교원'이고, 그런 사람은 모두 '교원'이다. 다만, 일시적 강연 등을 통해서 학생을 가르치는 사람까지 교원 범주에 넣는 것은 지나치다. 거두절미하고, 현행 '고등교육법'과 관련해서 말하자면, 제21조 이하에 규정된 '교육과정'을 이루는 '교과'의 정규 수업을 지도해서 '학점'을 부여하는 일을 현실적으로 맡는 사람이나 추상적으로 그런 일을 맡을 수 있는 지위에 있는 사람, 그들 모두를 '교원'이라고 보는 것이 타당하다. 그러므로 겸임교원, 명예교수, 시간강사, 초빙교원 등(고등교육법 제17조, 고등교육법시행령 제7조) 어떤 이름으로 일컫든지 학점이 부여되는 정규 교과 강의의 수업 책임을 지는 사람은

        김 동 애

모두 '교원'의 범주에서 빠뜨리지 말아야 한다.

5) 교원의 '지위에 관한 기본적인 사항'은 반드시 법률에 규정해야 한다. 현행 '고등교육법'에서는 겸임교원, 명예교수, 시간강사 등의 지위에 관한 규정을 대통령령으로 미루고 있는데(제17조), '고등교육법시행령'에서 '시간강사'를 '교육과정의 운영상 필요한 자'이기만 하면 되는 것으로 정해놓은 것(제7조 제3호)은 "기본이 안 돼 있는" 것으로서 위헌이다. 교육과정 운영상 별 필요 없는 사람을 임용·위촉한들 어쩔 텐가?

그러나 헌법재판소라는 성역이 또 다른 대학이라는 성역을 감히 판결할지 100% 기대하기 어려운 것이 현실이다. 진실화해를 위한 과거사정리위원회에는 박정희 유신독재가 종신독재를 유지하려고 지식인을 탄압하며 대학강사에게서 교원지위를 앗아갔으므로 원상을 회복하자고 문제를 제기할 수 있다. 그리고 유엔에 한국의 대학강사 제도가 노예적 성격을 띠고 같은 노동 같은 임금의 원칙에 어긋난다고 제소할 수 있다. 이 두 가지는 권고의 성격을 띠어 정부가 이를 수용할 의무는 없다. 그러나 이런 여러 가지 노력이 어우러져 대학강사의 교원지위 회복과 고등교육의 질 향상이라는 대학교육정상화, 30년 묵은 과제 해결을 향해 오늘도 늘 그 자리에 함께 있는 동지들과 시위의 현장, 천막농성장으로 나간다.

다시 새벽에 길을 떠난다/ 박노해

제 몸을 때려 울리는 종은
스스로 소리를 듣고자 귀를 만들지 않는다

평생 나무와 함께 살아온 목수는
자기가 살기 위해 집을 짓지 않는다

잠든 아이의 머리 맡에서 기도하는 어머니는
자기 자신을 위한 기도를 드리지 않는다

우리들, 한번은 다 바치고 돌아와
새근새근 쉼쉬는 상처를 품고
지금 시린 눈빛으로 말없이 앞을 뚫어 보지만
우리는 과거를 내세워 오늘을 살지 않는다

우리는 긴 호흡으로 흙과 뿌리를 보살피지만
스스로 꽃이 되고 과실이 되고자 하지 않는다
내일이면 모두가 웃으며 오실 길을
지금 우리 젖은 얼굴로 걸어갈 뿐이다

오늘
다시 새벽에 길을 떠난다

김 동 애

참 좋은 날이다.

이성근

경남 의령 출생. 2002년 스페인 발렌시아 람사총회 한국민간단체 대표를 지냈다.
환경부장관상, 환경운동연합 전국우수활동가상 등을 수상했고 현재 부산환경운
동연합 사무처장을 맡고 있다. 지은 책으로 시집 〈흰각시붓꽃〉(공저), 〈아빠는
생태박사〉(공저) 등이 있다.

노무현 정부 5년, 환경운동에 대한 평가와 이명박 정부

• 이성근 • 부산환경운동연합 사무처장

들어가는 말

충남 태안에서 삼성크레인 허베이스피리트호 충돌 기름유출사고가 발생한 지 한 달을 넘기고 있다. 자원봉사자 백만 명 이상이 태안을 다녀갔다. 완전한 복구는 최소한 20년이 되어야 할 것이라고 한다. 이런 와중에 기름구덩이로 변한 삶의 터전에서 내일을 기약할 수 없어 비관 자살하는 사람들이 늘고 있다. 2008년 1월 10일 어민 故 이영권(66)도 그중 한 명이다. 누구도 예상하지 못했던 일이지만 결과적으로 언제든 발생할 수 있는 재앙이었다. '석유문명의 위기'와 '석유문명의 중독'이 야기하는 피할 수 없는 재앙의 시스템은 이렇듯 내장되어 있었다. 그리고 하필이면 이런 재앙이 그때(대통령선거와 삼성특검 등) 발생했는지도 의문이 아닐 수 없다. 그럴듯한 수많은 설들이 유랑하고 있다. 그러나 이렇듯 의도적이든 아니든 화석연료나 석유에 의존할 수밖에 없는 '산업주의'의 폐해는 인류가 허우적거릴수록 빠져드는 수렁에 다름 아니다. 이라크 참전과 핵폐기장 문제의 본질은 에너지의 문제이다. 기후변화로 인한 환경재앙의 가시화는 인류의 미래를 위협하는 근간임에도 대한민국은 무풍지대였다. 대통령 선거는 지구온난화를 외면했다. 그러했기에 기름이 배럴당 100달러가 되어도 나홀로 차량이 여전한 것은 그 증거이다. 환경운동은 이제 새로운 고비를 맞고 있다. 자본의 노골적 견제와 국익을 가장한 협박이 일상화되고 있다. 노무현 정부 5년 동안 발생했던 환경사건들은 그 같은 견제와 압박이 공식화된 정권이라는 사실을 말해준다.

몸말

노무현 정부 5년간 환경운동에 대한 평가는 여러 가지 제약으로 인해 다양한 환경 현장에서 활동을 일으키며 입장을 지속적으로 밝혀온 환경운동연합(이하 환경연합)을 중심으로 접근했다. 환경연합은 2007년 12월 현재 회원 수 8만 7천 명에 상근자 233명(서울 85명, 지역 148명)과 52개 지역조직을 가진 한국 최대의 환경단체이다. 환경연합은 2002년 6월 세계 68개국에 지부를 두고 있는 국제환경단체 '지구의 벗'에 가입하여 동아시아 지역에서 그린피스 등과 국제연대를 활발히 도모하고 있다. 환경연합에 대한 국민적 인식은 1991년 낙

 이 성 근

동강페놀유출사건과 1992년 리우 유엔환경개발회의를 계기로 공해추방운동연합 중심의 전국 8개 환경단체가 통합해 결성되면서부터였다.

환경연합의 활동은 영역별로 갯벌과 철새보전, 재생가능에너지, 녹지보전, 강살리기, 댐 반대운동, 반전반핵평화, 야생동식물보호, 생명안전, 환경정책 제안과 감시 등으로 구분할 수 있으며, 이 같은 활동은 지역마다 편차가 있다. 구체적 성과로서 1995년 굴업도핵폐기장 건설 반대운동, 1996년 가야산국립공원해인골프장 건설 반대운동, 1997년 대만핵폐기물 북한 반입저지 범국민운동, 1998년 동강댐 백지화운동, 낙동강위천공단 백지화운동 등이 있으며, 지역적 성과들은 빠져 있다. 이 같은 활동을 근거로 유엔경제사회이사회는 특정분야 협의 자격을 환경연합에 부여하기도 했다.

환경연합은 2002년 12월 치러진 대통령선거의 결과에 대해 대체로 만족하며 노무현 당선자에게 바라는 논평을 발표했다. 요지는 1998년부터 전개해왔던 새만금간척사업을 중단할 것과 노무현 당선자가 선거과정에서 구성하겠다고 했던 〈새만금신구상기획단〉을 통해 새만금사업을 전면 재검토할 것을 요청하는 한편 수도권의 과밀과 난개발 방지, 백두대간과 비무장지대 보존, 화석연료와 핵에너지 의존을 낮추는 분산적 에너지 체계 구축, 신재생에너지 비율 확대, 물 관리 일원화 및 댐 추가건설을 재고해줄 것을 요청했다.

그러나 이 같은 기대감은 한 달도 못 되는 사이 실망에서 분노로 수위를 높여갈 수밖에 없었고, 그 같은 상황은 노무현 정부 5년간 지속되었다. 노무현에 대한 실망은 어느 분야에서나 마찬가지겠지만 적어도 시대상황을 공유한 바 있으며, 그러했기 때문에 누구도 하지 못했던 일들을 해내리라고 기대했기 때문이다.

1) 노무현 정권의 정체

노무현 정부의 탄생은 1987년 6월 항쟁의 결과물이다. 그것은 박정희 군사독재정권과 전두환 군사파쇼정권에 대한 민주화운동의 승리였다. 그 주체세력들은 한국정치의 주요세력으로 성장했고 일부는 집권을 하기도 했다. 그러나 국민의 정부와 참여정부로 이어진 지난 10년, 그들로부터 시작되리라던 개혁은 실종되었고, 기대는 원망과 증오로 바뀌었다.

특히나 "고졸 출신으로 사법고시에 합격해 인권변호사로 이름을 날리고, 영남 출신으로 호남당에 들어가 지역감정에 정면도전하고, 부산에서 출마해 연거푸 떨어졌던 노무현으로부터 만들어진 참여정부에 대한 원망은 실망을 넘어 적개심마저 묻어났다. 무책임하다는 것이다. 정권 출범 시 노무현 정권은 역대 어느 정권보다도 개혁적 성향의 정권으로 평가됐다. 국민들은 답답한 세상을 시원하게 갈아엎어줄 것을 기대했다. 그런데 현실은 그러질 못했다. 문민정부는 서민을 위한다고 했지만 위하지 못했다. 사상 초유의 수출이 있었지만 서민의 몫은 없었다.

840만 명이 넘는 비정규직노동자, 700만 명이 넘는 생계위협빈곤층, 100만에 이르는 단전단수가구, 7가구 가운데 1가구가 직장이 없는 현실, 빈곤자살과 생계형범죄 급증 등 주거와 교육, 직업을 망라

이 성 근

하는 다양한 분야, 다양한 형태의 양극화와 불평등이 뿌리내리고 있는 현실은 2007년 치러진 대통령 선거를 통해 적나라하게 표출되었다. 빈곤에 허덕이고 있는, 또 언제든 그 대열에 동참할 수밖에 없는 불안한 삶을 살아가는 서민에게 집권당의 호소는 한낱 쓰레기에 불과했고, 그러하기에 도덕적 흠결이 너무도 많은 이명박 한나라당 후보가 당선을 예정했던 것이다.

노무현 정부에 대한 실망은 환경 분야라고 예외일 수 없었으며, 그 실체를 확인하는 데는 오래 걸리지 않았다. 〈표 1〉은 노무현 정부 5년간 환경연합이 발표했던 논평과 성명을 시기별, 분야별로 정리한 것이다. 모두 41개 분야에 걸쳐 활동이 이루어졌으며, 환경연합의 주요한 활동으로 기록되는 분야는 골프장반대를 비롯하여 에너지분야, 수돗물안전, 식품안전, 댐반대, 난개발, 기후변화, 고래보호와 같은 활동이다. 이중 핵발전소 및 핵폐기장 건설 반대운동과 새만금이 압도적으로 많았다.

〈표 1〉노무현 정부시기 환경운동연합 활동에 따른 분야별 성명 발표 수

활동분야	2003	2004	2005	2006	2007
골프장반대	5	15	17	2	3
기후변화	5	4	9	4	8
난개발	6	4	11	4	4
광우병	1		1	3	
노동	2				
대기오염	2				
고래보호	1	2	14	3	8

금정산 · 천성산고속철도반대	1	2	4	1	
경부운하반대				1	19
대통령탄핵		11			
댐반대	9	2	9	15	1
미군기지		2	1	10	2
매향리	2	1	7	1	
반기업(포스코 등)	2	10	5		
북핵	1	1		6	2
도로개설반대	16	12	3	1	
비무장지대	1		1		
사막화	2	2		1	
성미산	11			1	
서울시환경	4	5	1	8	6
수도권규제	2	2	3	10	3
식품안전	9	18	25	10	2
습지보호	9	5	2	11	4
소각	3		2	1	
수돗물	13	13	5	6	18
새만금	82	9	15	18	4
쓰레기시멘트					3
석면			1	4	6
일회용	1	2	1		
이라크파병반대	14	7		1	7
유전자조작	5		4	4	6
에너지	3	14	4	8	5
전자쓰레기					2
자원재활용		6	1		
줄기세포			9	2	
서해기름유출					31
장묘	9			1	2
청계천	4	5	2	2	1

이 성 근

골재·해사채취		6	1		
해양투기반대			5	5	8
핵발전소 및 핵폐기장	117	47	32	7	9
기타	1	1		3	5
총계	343	208	195	154	169

1. 난개발(기업도시, 뉴타운, 행정중심복합도시 등)
2. 도로개설반대운동(북한산 관통도로, 강남순환도로,
   계룡산관통도로)
3. 습지보호(한강하구, 장항습지, 낙동강하구 등)
4. 핵발전소 및 핵폐기장 건설 반대(부안, 경주 외 신고리
   1, 2호기 및 고리 1호기 수명연장 등)

2) 실망, 그리고 분노와 좌절의 5년

노무현 정부에 대한 환경단체의 실망은 대통령직 인수위의 활동
에서부터 당혹감을 감추지 못하며 '우려'를 표한다. 2003년 1월 9일
녹색연합 등의 4개 환경단체는 '새정부 10대 국정운영과제' 선정과
관련 친환경정부로서 마땅히 해야 할 언급이 없음에 대해, 또 그러한
기대가 물 건너가는 것에 대해 문제를 제기하면서 공개적인 정책토
론을 요청했다. 이후의 일정은 실망을 확인하고 거듭 재확인하는 순
서에 불과했다. 2003년 3월 27일 환경연합은 이날 이루어진 노무현
정부의 조각에서 개혁성의 후퇴를 지적했다. 이 같은 지적은 하루 뒤
개최된 경제정책조정회의의 결과에서 확연히 드러났고, 이후 노무현

정부에 대한 저항적·규탄적 환경운동의 이정표가 되었다. 3월 27일 개최된 경제정책조정회의는 환경과 수도권 규제의 대폭 완화를 새정부의 경제운용 방향으로 결정했다. 구체적으로 '상반기 중 수도권 내 신도시 2~3곳 결정', '첨단 환경시설이 갖춰진 경우 환경규제 탄력운용', '수도권 내 외국인투자기업의 공장 신·증설 규제 개선', '2005년부터 경유차 국내시판 발행', '골프장과 스키장 관련 규제 완화' 등이었다. 환경연합은 이 같은 결정에 대해 노무현 정부를 '녹색색맹정권'으로 규정하고 이 같은 결과에 침묵했던 환경부에 대해 무능과 무책임을 따지며 역할에 충실할 것을 촉구했다.

2003년 4월 28일 노무현 정부 출범 60여 일째 환경문제에 대한 불철저하고 그릇된 인식을 전면적으로 전환하기 위해 '노무현 정부의 환경 분야 개혁상실을 규탄하는 1,000인 선언'이 있었다. 노무현 정부의 탄생이 변화와 개혁을 갈망하는 국민의지의 결과물임에도 출범 이후 2달여 동안 보여준 환경현안에 대한 태도는 심각한 '우려와 분노'를 야기했다. 새만금, 핵폐기장, 경인운하, 댐정책, 금정산·천성산 고속철도관통 등의 환경현안은 개별적 환경사안의 의미를 넘어 개발독재시대에 이루어진 잘못된 국가정책을 상징하고 있다. 많은 시민단체들이 대선 때부터 이 같은 대형 국책사업의 전면적인 재검토를 촉구한 이유도 이들 사업이 개혁의 과제였기 때문이다. 그럼에도 노무현 정부는 침묵과 무관심으로 일관했고 이에 항의하여 '단식'과 '3보 1배' 같은 저항이 전국적으로 전개되었다.

이 성 근

3) 주요한 환경사안

새만금은 노무현 정부가 죽였다

동경강 만경강 하구를 33km의 방조제로 막아 4만 2,000ha의 간척지를 조성하는 새만금간척사업은 1987년 대선정국에서 노태우 후보의 선거공약으로 탄생하였다. 그러나 경제성이 없다는 이유로 미루어지던 이 사업이 착공된 것은 김대중 전 대통령에 의해서였다. 1991년 7월 여야영수회담에서 신민주연합당 김대중 대표는 호남지역의 숙원사업이라면서 착공을 강력히 요구하였고 여당은 이를 받아들였다. 1991년 9월 정기국회는 이 사업에 대해 추가경정예산 200억 원을 책정하여 11월 기공식을 갖고 방조제 공사를 시작하였다. 이후 계속 사업으로 매년 예산을 투입하여 2006년까지 모두 2조 2,300억의 세금이 들어갔다. 민관합동으로 환경영향평가를 하는 동안, 또 법원에 의해 공사가 잠시 중단되기는 하였으나 대법원의 판결에 의해 공사가 재개되었고, 지역민과 환경단체, 종교인의 극렬한 반대에도 불구하고 2006년 4월 21 방조제끝물막이공사를 끝으로 새만금의 숨통은 끊기고 말았다.

2003년 환경의 날을 앞두고 환경연합부설기관 시민환경연구소가 '새만금간척사업에 대한 찬반여부를 묻는 시민여론조사' 결과를 발표했다. 결과는 '반대' 한다는 응답이 66.3%(반대한다:44.4%+반대하는 편이다:21.9%)로 '찬성' 한다는 응답 27.4%(찬성한다:14.2%+찬성하는 편이다:13.2%)보다 높았다. 현 시점에서 정부가 어떤 결정을 내려야 하는지를 묻는 항목에서 '방조제 공사를 마무리하고 갯벌을 매립해야 한다'는 의견은 16.8%에 불과했던 반면 41.5%가 '방조제 공사를 일시 중단하고 공사 마무리 여부에 대해 국민의 의견을 물어 결정해야 한다'고 답하였으며 39.8%가 '방조제 공사의 중단을 결정하고 새만금 사업을 대체할 수 있는 새로운 대안을 찾아야 한다'고 답했다. 결과적으로 방조제공사 중단에 찬성하는 국민의 비율이 81.3%였음에도 노무현 정부는 눈길 한 번 주지 않았다. 새만금은 역대 정부가 추진한 사업이긴 하지만 결과적으로 노무현 정부가 죽인 것이다.

환경연합은 새만금의 문제를 전국화하기 위해 대표자회의 및 전국사무국·처장단회의를 통해 의지를 결의한 바 있으며, 회원대회와 현장방문단을 조직하여 현장의 아픔을 공유하는 한편 지역캠페인을 통해 대정부 압박을 가시화했다.

금정산·천성산 고속철도 관통반대

2004년 4월 1일 경부고속철도와 호남고속철도가 동시 개통됐다. 전국 반나절 생활권에 고속철 특수가 지역을 살찌울 것이라 했지만 결과는 사람들이 더 바빠지고 지역은 더 안 좋아졌다. 반나절 생활권은 서울 출입을 그만큼 용이하게 하여 모든 것이 집중된 서울 이용을 심화시키는 결과를 가져왔다. 고속철의 이용을 강제하기 위해 새마을과 무궁화 운행 횟수를 대폭 줄였다. '서민의 발'이었던 통일호는 아예 없애버렸다. 그리고 주요 노선을 정리했다.

이 성 근

고속철도 건설은 첫 단추부터 부실하고 왜곡되게 끼워져 수많은 민원이 제기되었다. 특히나 건교부와 고속철도건설공단은 20세기적 사고에 입각하여 수행된 1994년의 환경영향평가로 21세기의 생태 · 경관의 보고이자 문화유적의 창고인 금정산과 천성산의 유린을 서슴지 않고 남발하고 있다. 어처구니없는 사실은 환경영향평가가 부실하고도 문제가 많은 것을 인정하면서도 이미 계획이 수립된 이상 변경할 수 없다고 강변하면서 공사강행을 주장했다는 것이다. 결과적으로 단군 이래 최악의 국책사업인 고속철도사업이 수많은 계획의 변경과 환경상의 문제를 감추면서 국고를 탕진하고 있는 이유는 개발지상주의에 매몰된 채 국토환경의 현실을 외면하는 관료집단이 있기 때문이다. 그리고 여기에는 국정최고책임자의 무능과 국토환경에 대한 애정결핍이 노선의 변경을 가로막는 장애요인이 되고 있다.

실제 지난 1997년 7월 김한종 고속철도공단이사장이 김영삼 전 대통령에게 보고한 내용, 즉 "각하, 지금까지 고속철도사업에 막대한 돈이 들어갔습니다. 하지만 그동안 들어간 돈은 날려버린 셈치고 여기서 중단하는 것이 좋겠다고 생각합니다"라는 내용은 고속철도 건설의 무모함을 단적으로 증명하는 대목이다. 1992년 5조 8천억 원의 사업비는 1998년 7월 '3차 계획수정'을 통해 18조 4천억 원으로 늘어났다.

2010년 전체구간 개통을 목표로 하고 있는 경부고속철 2단계 부산-대구 구간 가운데 부산 · 경남권 전체구간은 75km이다. 이 가운데 56%인 약44km가 터널구간이다. 금정산이 18km, 천성산이 16km로 이 산들은 수려한 산세와 풍부한 수자원을 함유하고 있다. 문제는 이러한 지형적 조건을 무시하고 공사를 강행함으로써 벌어진 일련의 저항들이다. 노무현 대통령후보는 2002년 불교계 공약으로 '경부고속철 대구-부산 노선 백지화' 를 내세웠다. 그런데 이 약속을 취임 후 지키지 않자 환경단체들이 반발하는 한편 내원사 산감 지율스님이 공약준수를 요구하며 단식을 벌인 것이다. 단식이 깊어지는 즈음에 노 대통령의 재검토 지시가 있었지만 '노선재검토위' 가 구성되어 짧은 검토시한의 한계에도 불구하고 전문가들에 의해 '기존관통노선의 문제점' 이 적시되고, 대안노선의 방향(대구~부산 직선화, 금정산·천성산 우회노선)이 도출된 바 있지만 채택되지 않았다. 천성산 측은 이러한 결과가 노무현 정부에 우호적인 부산지역 시민종교대책위에 있다고 보았지만 이 또한 터무니없는 주장이다.

금정산·천성산 고속철도관통 반대운동은 부산환경연합을 중심으로 한 시민종교대책위의 결성으로 이어졌으나 입장의 차이로 천성산과 금정산이 분리되어 개별화되는 형태로 나타났다. 애초 천성산 임도문제대책위가 그동안 활동을 해왔는데, 임도대책위는 화엄벌을 습지보전구역으로 지정하는 성과를 가져왔음에도 기본적으로 습지를 관통하는 고속철 노선의 발견과 이에 대한 대응을 통해 시민종교대책위의 활동이 이루어졌다. 대책위는 다양한 선전활동과 함께 적극적인 연대활동도 모색했다. 2002년 10월 스페인 발레시아 람사회의에 지율스님이 참가하기로 한 것은 고속철도문제를 국제적으로 이슈화하기 위해 이루어진 결정이었지만 계획했던 현장 단식농성은 하지 못하고 참여 GO및 NGO를 대상으로 서명운동만 하였다. 그리고 대통령후보공약 채택운동이 있었고 노무현 후보가 여기에 답했던 것

이 성 근

이다. 그러나 공약은 지켜지지 않았다. 이후 지율스님의 단식이 시민대책위와는 유리된 상황 속에서 전개되었으며, 운동은 내부적으로 혼선을 일으켰다.

고속철도 문제에 있어 금정산과 천성산은 하나의 노선에 지배받는다. 따라서 떼어놓을 수 없는 연결고리인 셈인데도 현실은 달랐다. 노무현 정부가 들어서자마자 '찢어지는 양상'을 보이다가 마침내 별개의 것에서 가치가 다른 집단으로, 한쪽은 환경운동을 팔아먹는 쪽으로 '매도당하고' 말았다. 그리고 그 한가운데 지율스님의 단식이 있었다. 지율스님의 방식은 목숨을 건 처절함과 단호함이 있었지만 시민일반이 동참하기 힘든 방식이었다. 전문 환경단체는 무기력했다. 〈표 2〉는 부산환경연합이 노무현 정부시기에 활동을 규정하고 발표한 성명서 통계이다. 중앙환경연합이 새만금과 핵폐기장건설 반대에 조직적 에너지를 투여한 만큼 지역에서는 금정산 등 지역 이슈에 전념한 시기였다. 하지만 많은 사람들이 지쳤고 환경운동단체는 반대를 위한 집단으로 왜곡당했다.

〈표 2〉 노무현 정부 부산환경연합 활동 성명(2002. 12. 20~2007. 12. 27)

경부운하	5
고리 1호기 수명연장 및 신고리 1, 2호기 증설 및 핵폐기장	12
석면	3
낙동강(매리, 1-4 다이옥산, 퍼클로레이드 등)	37
낙동강하구(문화재보호구역, 둔치, 하구둑 등)	6
수산물 오염	1
해양폐기물투기	5

환경전반	4
안상영시장 규탄	14
고래보호 포경반대	4
도시하천살리기	3
한미 FTA 반대	2
금정산(고속철도 반대, 북문습지, 선체험 등)	64
골프장 및 연습장 건설반대	19
지하철환경개선	2
하야리아	2
북항재개발	3
식품첨가물(납김치, 쓰레기만두, 피혁폐물 등)	6
해안경관(용호동SK뷰, 달맞이, 송도, 해수욕장 등)	11
에너지 및 교토의정서	5
반아펙	1
동부산권개발	2
경제자유구역 반대	1
바다매립 반대	2
이라크파병 반대	3
황령산스키돔 건설 반대	4
새만금	2
항공방제 반대	1

국민을 이라크 전범으로 만든 대통령과 국회

대통령 본인도 명분이 없다고 스스로 고백하는 미국의 더러운 전쟁에 한국군 파병이 결정되었다. 침략전쟁에 파병을 결정한 것은 결국 우리 스스로를 침략국가로 만든 것이며, 우리 국민을 침략국가의 국민으로 만든 것이었다. 노무현 대통령과 국회는 국민을 전범으로

이 성 근

만든 것이다. 이라크 파병안 결정이 시민사회의 거센 반대에 직면하여 두 번 연기되는 어려움을 겪자 대통령과 국회는 '국익'이라는 낡은 논리를 동원하였다. 이미 우리는 '국익'이라는 이름의 낡은 국가 이데올로기 및 국가주의의 폭력을 수없이 경험하였다. 그런데 변화와 개혁을 이야기하는 참여정부에서 또다시 '국익'이라는 이데올로기를 동원하여 전쟁에 반대하는 국민 여론을 무시한 것이다.

노무현 대통령과 국회는 한반도 평화를 주장하면서 파병을 결정하였다. 그러나 한반도 평화는 다른 나라의 전쟁이라는 피의 대가로 얻어지는 것이 아니다. 한반도는 말 그대로 세계적인 군사력 집중, 핵논란, 전쟁의 위험성이 항시 존재하는, 안전핀 뽑힌 폭탄과 같은 곳이다. 노무현 대통령은 이라크 파병이 북핵의 평화적 해결에 도움이 된다고 주장하였다. 이라크 전쟁으로 한반도 평화를 얻고자 하는 논리는 한반도 전쟁으로 이라크의 평화를 얻을 수 있다는 논리와 똑같이 섬뜩한 것이다. 그러한 차원에서 이라크 전쟁 이후 복구사업에 한국 건설업체의 참여를 통한 경제이득을 논했다는 것은 기만이다.

미국이 벌인 이라크 전쟁의 근본 목적은 석유라는 한정된 화석연료에 대한 미국의 패권의식 때문이다. 미국은 정치·군사·경제적 이해관계뿐만이 아니라, 전 세계 석유사용량의 25%를 사용하는, 지탱 불가능한 '국민생활양식' 때문에 세계적 차원의 지속가능성을 확보하기 위한 행동계획을 수용하는 것이 도저히 불가능하다. 그러한 차원에서 미국의 이라크 전쟁은, 그간 기후변화협약, 요하네스버그의 지구정상회담(WSSD)에서 지구적 생태위기를 해결하기 위해 전 세계가 노력함에도 불구하고 자국 기업의 이익을 내세워 외면하던 미국의 무책임한 모습과 일맥상통하는 것이다. 한정된 지구자원을 황폐화시키는 성장 중심 개발체제와 화석연료 중심 생산양식·소비 의식을 지양하지 않고서는 지탱 가능한 미래도, 세계평화도 이루어 낼 수 없다. 화석연료에 기인한 현 사회는 예정되어 있는 화석연료의 고갈과 함께 더욱 큰 분쟁을 만들어갈 수밖에 없다. 환경연합은 이 같은 인식을 토대로 노무현 정부를 '노무현 참전(參戰)정부' 로 규정하고 국회의 명분 없는 전쟁 파병을 규탄했다. 나아가 촛불문화제 등을 통해 사민사회단체와 뜻을 같이 했다. 반전운동은 환경운동의 오래된 고전임에도 조직적이지는 못했다.

광우병 한미 FTA

2007년 4월 2일, 단식과 한 노동자의 분신 등 격렬한 항의에도 불구하고 한미 FTA 협상은 타결되었다. 동아시아에서 미국과 처음으로 맺는 '자유무역협정' 을 이웃나라들은 예의주시하면서 과정을 지켜보고 있었다. 그 과정이란 것은 누가 망하고 누가 흥할 것인가 이며 한국사회가 멕시코 같은 상황으로 전락할지 안 할지를 판가름하는 과정이었다. 북미자유무역협정(NAFTA)으로 인한 멕시코 농민·서민의 몰락은 궤멸에 가깝다. 1994년 발효된 이후 멕시코 농업은 망했다. 막대한 보조금으로 무장한 미국기업농가의 값싼 농산물에 경쟁한다는 것은 처음부터 불가능한 일이었다. 그럼에도 불구하고 달리 소득원이 없는 농민들이 선택할 수밖에 없는 상황은 최소한의 생계를 유지하기 위해서 과거보다 더 많은 농사를 지어 헐값에 옥수수

이 성 근

를 내다 파는 것이었다. 반면 도시소비자들은 소수 거대 식품회사들이 형성한 카르텔에 의해 옥수수값이 폭락했음에도 불구하고 나프타 이전보다 500% 인상된 가격을 지불하고서야 구입할 수 있는 처지가 되었다. 단지 농업 한 분야에서만 살펴보았을 뿐이다.

한미 FTA를 통해 농업분야에서 관세를 철폐한다는 말은 멕시코처럼 된다는 말이다. 경쟁이 이루어질 수가 없다. 농업의 포기가 자동적으로 이루어진다. 우리의 먹을거리를 초국적 자본에 맡기는 꼴이다. 예측되는 장면은 유기농이용자와 농약 등에 노출된 값싼 화학농산물 이용그룹으로 소비시장이 구분되는 것이다. 또 다른 장면은 기후변화 체제에서 이상기후에 따른 작황부실로 농산물값이 폭등하여 일반서민이 당하는 고통이다. 이미 '농업생명공학 양해서' 등은 그 길을 활짝 열어둔 상태이다.

환경연합이 한미 FTA를 반대했던 이유는 분명하다. 불안하고 위험하기 때문이며 궁극적으로 손해 보기 때문이다. 그리고 반환경적이고 반생명적이기 때문이다. 한미 FTA 찬반논쟁의 가운데는 쇠고기의 수입이 있다. 그런데 미국쇠고기는 광우병에 노출되어 있다. 광우병은 뼈와 뇌에 구멍이 생기는 병이다. 광우병은 기본적으로 초식동물에게 초식동물의 사체를 먹임으로써 발생하는 것이다. 영국에서 최초로 발생한 이후 유럽과 일본은 초식동물에게 동물성 사료투입을 중단했다. 그런데도 미국은 소가 소를 먹지 않는 방식 대신 닭이나 돼지를 사료로 하는 방식을 고집하고 있다. 미국의 초국적 자본의 이해를 위해 정부는 광우병 의심을 불식하는 공익광고를 국정홍보처의 이름으로 강변했다. 미국은 한미 FTA 협상의 전제로 쇠고기 수입을 내세웠다. 현재 30여 개 나라에서 광우병이 발생했지만 수출을 하는 나라는 없다. 유일하게 미국이 한국을 상대로 수입을 강요하고 있다. 그 소들은 광활한 땅에서가 아닌 불결하고 협소한 공간에서 항생제를 맞으며 동족을 먹이로 급히 만들어진 것이다. 비용을 절감하고 최대한 이익을 남기기 위해 만들어진 쇠고기는 소비자를 위한 배려나 주변 생태환경에 대한 고려, 최소한의 윤리도 없다.

그 광우병 쇠고기가 국내 주요 대형마트며 백화점에 나돌아도 환경운동은 적극적 대응을 하지 못했다. 그래서 혹자는 한미 FTA 막지 못하면 환경운동 할 생각을 말라고 일침하기도 했다. 그럼에도 환경운동 진영은 명함을 내밀 정도로만 한미 FTA에 임했다. 변명과 상황이 있다. 변명은, 동시에 제기된 일들에 매몰되고, 이미 대책위가 결성된 상태에서 적극적 결합 대신 '위임' 했다고 보는 것이다. 항간에는 신자유주의에 대한 이해 부족을 들기도 하지만 문제점을 몰라서 제대로 활동하지 않았던 것은 아니었다.

이제 국회비준을 앞둔 한미 FTA는 환경운동 진영에서 다잡고 들어야 할 과제이다. 기회는 불확실하다. 그러나 지금 이 순간에도 협상단이 어떤 내용으로 협상했는지 국회도 모른다. 분명한 사실은 어떤 방식으로로든 양국간 교역량은 늘 것이라는 점이다. 그러나 예고한 대로 잃는 것에 대해서는 너무 관대하게 인식하고 있다. 나아가 나라 간 부의 총량이 늘어난다 해도 그것이 일반서민의 것이 될 수 없다는 점이다. 신자유주의가 맹위를 떨치고 구체적 협정으로 관계를 규정 짓게 된다면 더 이상 공공의 영역은 사리진다. 초국적 자본은 무소불위의 칼을 휘두르는 막강한 권력이 될 것이다. 여기에 환경과 고용,

이 성 근

윤리, 공동체에 대한 배려는 없다. 어떤 책임과 의무도 없다. 시민사회단체들은 이 같은 미래를 거부하기 위해 '한미 FTA 저지 범국민운동본부'를 중심으로 분야별 대책위원회를 구성하여 신자유주의와 세계화의 표상인 FTA에 격렬하게 반대운동을 진행했다. 특히, 협상을 시작하기도 전에 쇠고기 시장 개방, 스크린쿼터 축소 등 4대 선결조건을 미국 측에 선물했고, 한 번 결정되면 되돌릴 수 없는 '레쳇 방식'으로 진행되는 협상에서 이미 정부가 상당 분야에서 불리한 협상을 맺어 국민적인 불신을 불러일으켰다.

거품을 재생산하는 토건사회와 노무현 정부

노무현 정부의 반환경성이 확인되는 지점은 자연적 자본을 저렴하게 만들어준 정책이다. 노물현 정부는 생태자산과 자원요소를 저렴하게 공급함으로써 기업경쟁력을 확보하게 만들었다. 열린우리당의 총선공약 중 다음과 같은 것이 있었다. 1)각 개별법에 산재되어 있는 토지규제(112개 법률 298개 구역)를 제로베이스에서 전면 재검토하여 '국토계획법 체계'로 일원화하기 위하여 금년 상반기 중 '토지규제개혁 로드맵'을 마련하겠습니다. 2)대도시권 개발제한구역 중 보전이 필요 없는 지역을 조속히 해제하여 국민임대주택단지 등 개발용도로 활용하겠습니다. 3)관리지역(종전의 준농림/도시지역) 세분 시 개발이 가능한 계획관리지역으로 최대한 편입하여 가용토지공급을 확대하여 개발수요에 탄력적으로 대응하겠습니다. 4)토지규제관련 권한을 지방에 대폭 이양하여 지자체의 토지공급능력을 확대하고 지역특성에 맞는 개발을 유도하겠습니다. 등등. 그리하여 전국이 공사판이 되었다. 충남 연기, 공주 2,2250만 평 행정중심복합도시를 비롯하여 전남 무안 등 6곳에 3,281만 평 기업도시를, 또 진주, 나주, 대구 등에 10개의 혁신도시 1,555만 9천 평을 더하여 송파, 판교 신도시 10개 3,809만 평 등 전국 총 1억 850만 9천 평의 땅이 개발의 복마전으로 들어섰다. 이 밖에도 투기개발광풍 뉴타운, 유비쿼터스 도시개발, 도심재개발이 우후죽순 난개발로 번지고 있다.

판교에만 토지보상비로 4조 원 이상이 들어갔다. 불행한 사실은 이러한 상황이 주택가격을 낮추기 위한 주택공급 차원에서 빚어진 일이지만 정작 결과는 무주택자나 지역원주민이 아니라 부동산 세력들에 의해 주택거품을 증가시키는 결과로 나타난 것이다. 그러한 부동산의 증가는 비중가지역을 자극하고 끌어들여 거품을 재생산하는 일이다. 최악의 노릇은 이렇게 축적된 지가가 기업에게는 이익을 주지만, 이 토대에 대한 확신이 없어 빠질 때 '거품' 이 일으키는 일대 혼란은 이미 앞서 장기불황을 경험했던 일본의 사례가 웅변하고 있다.

노무현 정부 하에 만들어진 각종 신도시는 지방분권과 국토균형발전에 대한 명백한 오류이다. 2007년 10월 한 국회의원이 건설교통부와 산하기관으로부터 받은 자료를 토대로 '건설공화국' 의 실상을 보여주는 자료를 만들어 언론에 소개했다.

- 여의도 면적 72배, 서울시 전체 면적보다 넓은 6억 1184만㎡ 개발사업중
- 사업비 237조 투입, 보상비 97조 풀려 투기 유발

이 성 근

- 건설교통부: 신도시 12곳, 기업도시 3개 지구, 혁신도시 3개

  사업비 86조원

- 공사(公社)들의 공사(工事)판

  토지공사 : 택지개발 35개 지구 1억㎡ 사업비 39조 원, 산업단지

  　　　　　 개발은 17개 지구 5530만㎡

  주택공사 : 54개 지구 33조 원

  수자원공사 : 안산 신도시 1조 7천억, 시화 멀티테크노밸리 2조 4천억

  지방공사들: 서울시 SH공사 240만㎡ 등

- "정부의 재정 압박, 보상비의 투기자금화, 부동산 시장 불안정"

(열린우리당 홍재형 의원)

노무현 정부는 난개발, 막개발의 법적 · 제도적 토대도 마련해주었다. 수많은 특별법이 그것이다. 행정중심복합도시특별법은 그렇다하더라도 기업도시특별법, 경제자유구역특별법, 제주국제자유도시특별법, 방사성폐기물특별법 등등. 거기에다 각 지역이 너도나도 특별한 개발을 요구하고 있다. 연안개발특별법, 서남권 등 낙후지역 발전 및 투자촉진특별법, 새만금특별법이 17대 국회 막판에 통과되고, 다음 총선을 통해 집권세력은 '한반도대운하특별법'을 만들어낼 예정이다. 대한민국은 특별법공화국이다. 다소 다른 이해를 가지고 있는 관변단체들이 있기는 하였지만 환경연합을 비롯한 전국의 시민사회단체가 전국적 대오를 조직했다. 하지만 역부족이었다. 근본적 이해가 달랐기 때문이다. 수도권규제완화에 반대하는 천만인 서명을 받아내었지만 무용지물이었다.

  수도권은 국가핵심기능, 자원, 자본, 교육, 의료, 노동력 등을 철저히 독점해왔다. 세계유래를 찾을 수 없는 수도권 집중은 지방 인구를 격감시키고 노령화를 심화시켰으며 산업기반 하락으로 인해 지역 경제를 몰락시키고 있다. 그럼에도 불구하고 정부는 국가경쟁력 증대라는 미명 하에 예외적 특혜를 대기업에 허용해주고, 수도권 내 산업규모를 확장시키기 위한 규제완화를 면밀히 추진하고 있다. 더군다나 정부의 규제 없는 '무제한 공급정책'은 전 국민을 부동산투기 광풍으로 몰아가고 있다. 이 같은 추세는 규제완화를 내건 이명박 정부에서 더욱 확대될 조짐이다.

  한편 노무현 정부는 시작부터 끝까지 골프를 옹호하고 규제완화를 수행했다. 집권 초기 130여 개 수준이던 골프장은 현재 270개로 늘었다. 현재도 100여 개의 골프장이 건설 중이며, 계획 중인 골프장은 수백 개에 이른다. 환경단체들은 골프장의 환경적 악영향을 우려하고 있지만, 수년째 단 한 개도 막아낼 수 없었다. 태풍의 와중에도, 국보가 소실되는 상황에서도 골프를 치던 이해찬 총리(2004. 6.~2006. 3.)가 주도한 '4개월이면 허가가 나는 손쉬운 골프장 건설 법규' 때문이다. 지금 추세만으로도 한국은 세계에서 가장 빠르게 골프장을 확대한 나라로 기네스북에 오를 판이다. 거기다 이제는 '반값'으로 골프장 건설도 세일하겠다고 나서고 있다. 2007년 7월 30일, 정부는 권오규 경제부총리(재정경제부 장관) 주재로 경제정책조정회의를 열고 '쓸모없이 버려졌던 농지(?)'를 활용해 '반값 골프장'을 건설하겠다며 '2단계 서비스산업 경쟁력강화 종합대책'을 발표했다

  골프장 건설 촉진을 위해 내놓은 이 대책의 면면은 온통 파격적이

                                                        이 성 근

다. 농민들의 농지 전용을 유도하고, 법인세와 지방세는 물론 농지조 성부담금도 감면해줄 뿐 아니라, 현재는 필수인 일부 부대시설과 운 영시설의 건설과 운영을 면제해주겠다는 것이다. 더 나아가 골프장 진입도로 공사비를 50%나 국고에서 지원하겠다고 한다. 가히 골프 천국을 향해 지극 봉사한 정권이다. 노무현 정부는 '나라 밖으로만 나가는 관광수요를 국내로 끌어들여 관광서비스산업을 육성하고, 고 질적인 해외여행수지 적자 문제도 해결하는 등 1석 2조의 효과를 거 두겠다'고 한다. 2004년 이헌재 경제부총리도 그렇게 주장했다. 그 러나 골프장이 두 배로 늘었음에도 해외 골프관광객은 줄어들지 않 고 있는 현실은 더 이상 답이 아니라는 사실을 증명하고 있다.

4) 경부운하 또는 이병박 정부를 전망한다

1987년 체제의 결과물인 민주화가 진행된 지 20년을 맞은 이 시점 에서 대통령 당선자가 한나라당 이명박 후보라는 점은 민주화세력 대 산업화세력, 민주 대 반민주라는 한국정치의 전통적인 지형이 급 격하게 바뀌고 있음을 의미한다. 김대중·노무현 정권을 탄생시킨 40대 전후 '민주화 세대'들의 상당수가 이 후보를 지지했다. 이들은 민주화에 대한 정치적·도덕적 부채의식에서 스스로를 해방시킨 뒤 '먹고 사는 문제'를 해결해주겠다는 이 후보에게로 고개를 돌렸다. 과연 무엇을 잘못했기에 이토록 처참한 결과를 맞이한 것일까.

이명박 당선자의 행보와 인수위의 차기정부 운용기조는 예측하 긴 하였으나 그 폭이 너무도 급박하게 전개되어 당혹스럽기까지 하다. 이 당선인과 경부운하를 둘러싼 한판 싸움을 각오해온 환경단체들도, 뇌사상태에 빠진 대통합민주신당도 허를 찔렀다. 기선제압이라고 할까. 전광석화 같다. 그 기조라는 것은 철폐에 가까운 각종 규제완화와 재벌중심의 성장·개발주의 전면화이다.

경부운하와 관련 대통령직인수위원회 한반도대운하 TF팀장은 2007년 12월 28일 대우·삼성·GS·현대·대림 5대 건설사 사장들을 만나 간담회를 가졌고, "(이 당선인의) 임기 안에 운하를 완공할 것"이라고 말했다. 이 당선인 쪽의 좌장 격인 이재오 한나라당 최고위원은 "4월 총선에서 국민 동의를 물을 것"이라고 한층 더 고삐를 죄고 나왔다. 이종수 현대건설 사장은 1월 3일 기자들을 만나 "5대 건설사가 공동협의체를 만들 것"이라고 화답했고, 부산시는 운하의 기·종점인 낙동강변 강서구 지역에 '운하시티'를 만들 계획을 밝혔다. 수계의 주요 도시가 경부운하와 연결하는 계획을 발표하거나 이에 동조하는 입장을 천명했다.

이명박 당선자는 그동안 여러 언론매체를 통해 "민간자본을 유치해 재정부담 없이 사업을 추진할 것"이라고 말했지만 민간자본이 자기손실을 감당하면서까지 경부운하에 참여하지는 않을 것이다. 따라서 이를 보상해주는 방식의 '민간제안 민자사업'이 될 가능성이 농후하다. 문제는 이미 사업대상지 주변의 땅값이 들썩이며 투기가 횡행하고 있다는 것이다. 다시 말해 부동산업자들의 농간에 의해 지가가 상승한 땅을 정부가 고가에 매입하면 건설재벌들이 공사를 수주하여 간다는 것이다.

여기에 서로 성질이 다른 수계가 하나로 되면서 발생할 1차적 생태교란과 공사를 통해 발생하게 될 2차 생태교란·환경파괴는 고려되지 않고 있다. 한강과 낙동강에 가해질 수질 및 식수오염도 무시되고 있다. 삼면이 바다이고 반도국가이면서, 내륙 도로, 철도 수송망이 잘 갖추어진 상태에서 경제성이 없는, 경운기 속도보다 못한 운하 물류는 고속철도에 이어 건국 이래 최대의 국민혈세 낭비사업이 될 것이며, 이로 인한 국토의 훼손은 그 어떤 사업과도 차원을 달리한다. 그러하기에 경부운하를 말도 안 되는 소리라는 사자성어 어불성설(語不成說)와 동의어로 해석한다. 그러하기에 '국민행동'이라는 전국적 대오가 형성되는 것이다.

2004년 2월 감사원이 발표한 경인운하사업의 감사 결과는 국민의 입장에서 볼 때 하나의 충격이었다. 경제성이 없는 국책사업을 평가 자료와 과정을 조작해 마치 사업성이 있는 것으로 둔갑시켰던 것이 백일하에 드러난 사건이다. 뿐만 아니라 참여하는 민간기업의 사업성 보장을 위해 국민의 혈세 5천억 원을 지출하고, 운하 위에 설치될 다리의 설계 잘못으로 수 조원의 국고가 낭비될 뻔한 사건이기도 했다.

비근한 예로서 경인운하사업이 있다. 원래 굴포천 방수로 공사를 뺑튀기한 것이었다. 운하로 만들려고 할 때도 당초엔 바다모래 운송을 위한 것이 수도권 서부의 물류개선을 위한 대형국책사업으로 둔갑했던 것이다. 제대로 된 논의와 검증이 있었더라면 일찌감치 그만둘 수 있었던 사업이었다. 경부운하는 똑같은 전철을 예고하고 있지만 이명박 당선자는 신념처럼 말한다.

경부운하는 2008년 10월 경남 창원에서 개최되는 제10차 람사회의를 코미디로 만든다. 환경연합은 1996년 제6차 호주 브리스번 람사회의에 첫 민간대표단을 파견한 이래로 지난 10년간 지속적으로 람사회의에 참여하면서 국제적인 연대와 협력을 확대해왔다. 특히 2005년 제9차 우간다 람사회의 기간 동안 한국민간단체의 활동은 국제단체 및 지역 환경단체들의 집중적인 관심을 받았고, 그러한 활동의 결과로 10차 회의가 한국에서 열리는 쾌거를 마련하였음에도 불구하고 이를 우습게 만들어버리는 일정을 노정하고 있다.

이명박 정부는 에너지 문제에 있어서도 드라이브화할 것이다. 수천억 원의 상금을 미끼로 중·저준위 방사성폐기물처분장을 마련한 노무현 정부와 마찬가지로 이명박 정부는 기세를 몰아 고준위 방사성폐기물처분장까지도 노릴 것이다. 고리 1호기의 수명연장이 합법화된 이상 에너지수급의 주요한 토대를 신고리 1, 2호기 등 원자력으로 해결하겠다는 확고한 의지, 그 야만성을 다시금 유감없이 드러낼 것이다. 나아가 전국 도처가 공사판이 될 것임은 자명하다. 이명박 당선자가 두바이를 다녀오고 그 세계에 현혹되어 모든 개발을 합리화하고 정당화하는 정책이 국정운영기조로 자리매김 되고 있다. 환경운동의 험난한 여정이 노정되어 있다.

나가는 말

노무현 정부 출범 이후 환경운동은 참패를 면치 못했다. 그것은 자본이 그들의 실체를 위협하는 환경운동을 용납하지 않겠다는 의지

이 성 근

에 다름 아니다. 지난 몇 년간 우리사회의 가장 큰 환경현안이었던 새만금간척사업과, 천성산 고속철도공사에 대해 대법원은 정부 국책사업 강행에 손을 들어주는 판결을 내렸다. 이로서 이 시대 최후의 양심이어야 할 법원마저 판결에 있어서 객관적 사실과 타당성을 주요 근거로 하기보다 정치적 판단을 내렸다는 비판을 면치 못하게 되었다. 사업의 경제적 타당성이나 생태적 가치를 중요하게 고려해야 하는 시대적 흐름과 달리 국책사업 변경불가 혹은 정치적 잣대로 사업 강행을 결정하는 관행에서 벗어나지 못했다. 결과적으로 삼성 이건희의 '돈이면 다 된다'는 발상과 이명박 당선자의 '돈이면 무엇이든 한다'는 주의가 권력으로 한국사회를 지배하고 개발주의동맹의 결속을 강화시켜 왔다.

그 앞에 선 환경운동은 나약하다. 그러나 시대는 환경과 생명의 가치를 요구하고 있다. 쉽지 않은 이 길을 위해 환경연합은 17대 대선을 통해 10대 정책과제를 각 후보들에게 제시한 바 있다. 2007 대선과 차기정부의 환경 분야 주요 정책 방향으로 △환경과 함께하는 경제 △지구온난화 문제의 해결 △건강한 자연생태계 △국민생명과 생활안전 보장 등을 제시하며, 대선 후보들에게 다음과 같이 열 가지 과제를 제안했다.

1. 2020년까지 온실가스 배출 20% 감축(2005년 기준)
2. 2020년까지 재생가능에너지 비율 20%로 확대(1차에너지 기준)
3. 한반도 비핵화와 신규 핵발전소 건설 중단
4. 생태계 절대보전지역 제도 도입

5. 생태친화적 세제개혁과 환경파괴를 유발하는 보조금 폐지

6. 전 국민이 10분 내에 도달 가능한 녹색생활공간 조성

7. 법정 환경기준 초과지역 제로(0)

8. 최고 수준의 식품안전과 화학물질관리 체계 달성

9. 환경보전을 위한 국제협력 강화

10. 세계 122위의 환경지속성을 세계 50위권으로 향상

이 제안은 여전히 유효하다. 그리하여 환경연합의 다음 10년은 생태적 가치가 우선 가치로 곧게 선 지탱 가능한 사회변혁을 일궈내는 시간이어야 한다. 그 좌표는 부안핵폐기장 반대 운동과 삼성크레인 허베이스피리트호 충돌 기름유출사고의 참화를 해소하기 위해 자발적으로 봉사활동에 임했던 행렬이다. 정권이 바뀌었다.

참고자료
1. 김진균기념사업회 2007년 학술토론회/ 개발부서와 재정구조의 개혁 /
   조명래 교수(단국대, 환경정의 집행위원장)
2. 녹색평론사 /녹색평론/ 2003. 3-4/ 2003. 5-6/ 2004. 11-12/2005. 1-2/ 2006. 7-8
3. 환경운동연합 홈페이지 성명 보도란 10~122
4. 부산환경운동연합 홈페이지 성명 및 논평 356~357

절망사회에서 길 찾기

첫판 1쇄 펴낸날 2008년 2월 14일

엮은이 현장 편집부
펴낸이 강수걸
펴낸곳 산지니
등록 2005년 2월 7일 제14-49호
주소 부산광역시 연제구 거제1동 1493-2 효정빌딩 601호
전화 051-504-7070 | **팩스** 051-507-7543
sanzini@sanzinibook.com
www.sanzinibook.com
편집 권경옥 · 김은경 | **제작** 권문경
인쇄 대정인쇄

ⓒ 현장 편집부, 2008
ISBN 978-89-92235-32-7 03300

값 12,000원

* 이 도서의 국립중앙도서관 출판시도서목록(CIP)은
  e-CIP 홈페이지(http://www.nl.go.kr/cip.php)에서
  이용하실 수 있습니다.(CIP 제어번호 : CIP 2008000369)